役立つフレーズ満載！

音声
アプリ

フランス語で日本案内

Vous pouvez
nous expliquer ?

井上美穂 ● アントワーヌ・ラモン

白水社

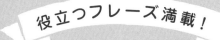

On peut les goûter
gratuitement ?

音声アプリのご利用方法

1. パソコン・スマートフォンで音声ダウンロード用のサイトにアクセスします。
QR コード読み取りアプリを起動し、QR コードを読み取ってください。
QR コードが読み取れない方はブラウザから以下の URL にアクセスしてください。

https://audiobook.jp/exchange/hakusuisha

※ これ以外の URL からアクセスされますと、無料のダウンロードサービスをご利用いただけませんのでご注意ください。
※ URL は「www」等の文字を含めず、正確にご入力ください。

2. 表示されたページから、audiobook.jp への会員登録ページに進みます。
※ 音声のダウンロードには、audiobook.jp への会員登録（無料）が必要です。
※ 既にアカウントをお持ちの方はログインしてください。

3. 会員登録の完了後、1. のサイトに再度アクセスし、シリアルコードの入力欄に「**88821**」を入力して「送信」をクリックします。

4.「ライブラリに追加」のボタンをクリックします。

5. スマートフォンの場合は、アプリ「audiobook.jp」をインストールしてご利用ください。パソコンの場合は、「ライブラリ」から音声ファイルをダウンロードしてご利用ください。

ご注意

- 音声はパソコンでも、iPhone や Android のスマートフォンでも再生できます。
- 音声は何度でもダウンロード・再生いただくことができます。
- 書籍に表示されている URL 以外からアクセスされますと、音声ダウンロードサービスをご利用いただけません。URL の入力間違いにご注意ください。
- 音声ダウンロードについてのお問い合わせ先：info@febe.jp
（受付時間：平日の 10 ～ 20 時）

装幀・本文デザイン・イラスト　岡村 伊都
音声ナレーション　Léna Giunta　Antoine Ramon

はじめに

この本は、フランス語の初級文法をひととおり終え、中級を目指している方（仏検3級程度以上）を対象としています。旅行で来日したフランス人のマルタン夫妻を、日本人女性の恵理子がフランス語で案内するという形で展開していきますが、場面設定や会話の内容の多くは、私自身の体験に基づいています。フランス語教員という職業柄、私はフランス語圏からの観光客を案内する機会があります。その際、毎回のように繰り返されるフレーズがあります。また、文化や習慣の違いをうまく説明できなかったり、歴史的な質問に的確に答えられなかったりして、臨機応変な対応を求められることもあります。そうした経験をベースに、ぜひとも覚えていただきたいフレーズを中心に会話を構成しました。

とはいえ、学習者であるみなさんが、実際にフランス語で日本を案内するという機会はそれほど多くないかもしれません。それでも日本が舞台であれば、ご自身でさまざまな場面をイメージできるはずです。案内したい場所、紹介したいことを想定し、この本のフレーズを当てはめながら、語彙や表現の引出しを増やすきっかけにしてみてください。

各課は4ページ構成です。冒頭の2ページは、さまざまな場面設定のスキットです。最初はテキストを見ずに音声だけを聞いてみましょう。わからない語彙は右ページの**Pour vous aider**も参考にしてみてください。3ページ目の**Ça peut toujours servir**では、辞書や初級の学習書にはあまり載っていない文法規則や表現をとりあげています。例文のほとんどがその課のテーマに沿っていますので、理解しやすいと思います。最後に、その課で学んだことを**À vous !**の練習問題で実践しましょう。解答はページ下にありますので、すぐに確認できます。また、日仏の文化や習慣に関するコラム**Infos à picorer**も参考になさってください。

この本をきっかけに、みなさんのフランス語がよりステップアップし、自信につながっていくことを心から願っています。

2020年10月　井上 美穂

Table des matières

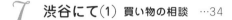

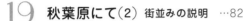

1　来日まで（1）初めてのメール

東京に住む池田恵理子（25歳）は、フランス在住の友人マノンから「知り合いのマルタン夫妻（40歳代）が日本に旅行に行くからお世話をよろしく」というメールを受け取りました。恵理子は、さっそくマルタン夫妻に初めてのメールを送ります。

objet : Je suis Eriko Ikeda, une amie de Manon

01

Chers Monsieur et Madame[1] Martin,

Je suis Eriko Ikeda, une amie de Manon. Elle m'a envoyé un e-mail **disant**[2] **que vous allez visiter** le Japon, et **c'est un très grand plaisir pour moi de**[3] pouvoir vous aider pendant votre séjour.

Manon m'a dit que vous arrivez le 6 août[4] à l'aéroport de Narita. C'est un peu compliqué d'aller à votre hôtel de l'aéroport. **Est-ce que vous voulez** que je vous explique l'itinéraire[5] ?

Pendant votre séjour, malheureusement, **je ne peux pas être** avec vous la journée[6] en semaine[7] à cause de[8] mon travail. Mais après 7 heures, je pourrai vous accompagner[9] tous les soirs si vous voulez. Et je suis libre le week-end.

Voilà[10] mes disponibilités[11] pendant votre séjour. N'hésitez pas à[12] **me dire ce que vous voulez faire** au Japon. Je vais faire de mon mieux[13] pour que votre séjour soit excellent.

À bientôt,

Eriko Ikeda

Pour vous aider

1）丁寧な文体でメールを書くとき、書き出しはCher(s), Chère(s)、さらに敬称のMonsieur, Madame, Mademoiselle、そして相手の苗字、または名前と苗字を続けて書くのが無難。

2）**disant** : direの現在分詞で、主語はe-mail。... un e-mail disant que ... で「～という内容のe mail」という意味で、メッセージの文面でよく使われる。

3）**c'est un très grand plaisir pour moi de + 不定詞** : ～することを大変うれしく思っています

4）**août** 男 :「8月」。発音は[u] [ut]のどちらも可。

5）**itinéraire** 男 : 道順、経路

6）**la journée** :「昼間は、日中は」。前置詞をつけてpendant la journéeと言うこともできる。

7）**en semaine** : 平日に

8）**à cause de + 名詞** :「～のせいで」。良くないこと（ここでは夫妻と一緒にいられないこと）の理由を表す表現。良いことの理由には〈grâce à + 名詞〉を用いる。

9）**accompagner + 人** :「～に同行する」。ここでは「人」の部分がvousになって、不定詞の前へ出ている。

10）**Voilà ...** :「以上が～です」。先に言いたいことを述べておいて、最後にまとめる表現。一方、Voici ...は「以下が～です」という文脈で使う。

11）**disponibilité** 女 : 時間が空いていること

12）**N'hésitez pas à + 不定詞** : 遠慮せずに～してください

13）**faire de son mieux** : 自分にできる限りのことをする

件名：マノンの友人の池田恵理子です
マルタンご夫妻へ
　マノンの友人の池田恵理子です。お二人が日本にお出でになるというメールを、マノンからもらいました。お二人の滞在中、お役に立てることを大変うれしく思っております。
　8月6日に成田空港にご到着とマノンからききました。空港からご滞在のホテルまで行くのは多少複雑なのですが、その経路をご説明した方がよろしいでしょうか。
　残念ながら、ご滞在中の平日の昼間は仕事があるので、私はお二人とご一緒することができません。でももしよろしければ、7時以降でしたら毎晩ご一緒することができます。そして週末は時間が空いております。
　以上が、お二人のご滞在中の私の空き時間です。日本でなさりたいことについて、ご遠慮なくおっしゃってください。お二人のご滞在が良いものになるように、できる限りのことをいたします。

池田恵理子

■メッセージをより丁寧にする方法

フランス語でメッセージを送る時、どの程度丁寧な表現を使うのかについて悩むことがあります。この課のメールは、親愛さを込めながらも丁寧な調子を出す文体です。このメッセージをさらに丁寧かつ格調高くする方法を4つ紹介します。

1. 条件法を使う

c'est un très grand plaisir pour moi deを条件法のce ***serait*** un très grand plaisir pour moi deにすると、明記されてはいませんが「もし私がお手伝いすることを受け入れてくだされば」という条件が相手に伝わります。したがって、より丁寧な表現になります。

2. 条件法の倒置疑問文にする

疑問文の場合は、条件法にして丁寧の度合いを上げるだけでなく、書き言葉で主に使われる倒置疑問文にすると、文体が美しくなって文章の格が上がります。

Est-ce que vous voulez
→ 条件法にする。 Est-ce que vous ***voudriez*** ...
→ さらに倒置にする。***Voudriez-vous*** ...

3. 文法規則に、より忠実になる

普段の会話やメッセージであれば守らなくても許されるような文法規則を忠実に守ることにより、丁寧な文体になります。vous allez visiterは、マノンが恵理子に宛てたメールの文面ではils vont visiterという近接未来形になっていたはずです。まだマルタン夫妻は日本に来ていませんので、このまま近接未来形のままでも間違いではありません。

しかし厳密に考えれば、ここには間接話法の規則が適用されます。時制を一致させて ... disant que vous ***alliez*** visiter...（allezが半過去alliezになります）にすると、文体が丁寧に感じられます。同じくManon m'a dit que vous arrivezの部分も、Manon m'a dit que vous ***arriviez***と書けば、文章の格が上がります。

4. 語彙のレベルを上げる

日常使われている語彙ではなく、難しい語彙を使うと、より丁寧な感じを出すことができます。

Manon m'a dit → Manon m'***a appris***
malheureusement, je ne peux pas être → Je **ne pourrai *hélas* pas être**
me dire ce que vous voulez faire → me ***faire part de*** ce que vous voulez faire
À bientôt → ***Bien à vous***または***Cordialement***など。

À vous !

左ページを参考にして、より丁寧な表現に書き変えましょう。

1）Est-ce que vous voulez que je vienne vous chercher à l'aéroport ?

私が空港にお迎えに行くことをお望みですか？［←条件法の倒置疑問文に］

2）C'est avec un grand plaisir que je vous ferai visiter la ville de Tokyo.

喜んで東京の街をご案内します。［←条件法に］

3）Manon m'a dit que vous viendrez au Japon en vol direct.

直行便で日本にいらっしゃると、マノンから聞きました。［←direのかわりにapprendreを使い、viendrezについては時制の一致］

4）Est-ce que vous pouvez me dire votre programme ?

ご予定を教えていただけますか？［←条件法の倒置疑問文にし、me direのかわりにme faire part deを使う］

5）Est-ce que vous avez le temps de venir chez moi au Japon ?

日本で私の家に来てくださる時間がおありですか？［←条件法の倒置疑問文に］

Infos à picorer

フランス人の苗字と名前

苗字で圧倒的に多いのはMartin、2番目がBernard、3番目がThomasと続きます。

2018年に一番多くつけられた男の子の名前は、1位がGabriel, 2位がRaphaël, 3位がLéoだそうです。この本ではMartin夫妻は40歳代という設定ですので、1980年にもっとも多くつけられた名前のNicolasを選びました。

2018年に一番多くつけられた女の子の名前は、1位がEmma, 2位がJade, 3位がLouiseだそうです。40歳代という設定のMartin夫人には、1980年にもっとも多くつけられた名前のCélineを選びました。

À vous ! 解答

1) Voudriez-vous que je vienne vous chercher à l'aéroport ?
2) Ce serait avec un grand plaisir que je vous ferais visiter la ville de Tokyo.
＊厳密にいうと、Ce seraitの部分が条件法になったので、je vous feraisも条件法に変える。ただし、ferais（条件法現在）とferai（直説法単純未来）は音が同じなので、単純未来のje vous feraiを使ってしまう場合もよくある。
3) Manon m'a appris que vous viendriez au Japon en vol direct.
4) Pourriez-vous me faire part de votre programme ?
5) Auriez-vous le temps de venir chez moi au Japon ?

2 来日まで（2）待ち合わせの調整

恵理子は、マルタン夫妻からメールの返事を受け取ります。そこには、到着の日の夜にホテルで待合せしたいと書いてありました。恵理子は返事を送ります。

objet : Pour nous retrouver à l'hôtel

02

Chers Monsieur et Madame Martin,

Je vous remercie pour **votre réponse**. ***J'aurai*** **donc** ***le plaisir de*** **vous voir à votre hôtel** le jour même[1] de votre arrivée à 7 heures du soir.

Comme je ne suis jamais allée à l'Hôtel Garden où vous allez séjourner[2], je ne sais pas si[3] le hall d'accueil[4] est grand. Pour que nous nous retrouvions[5] plus facilement sans trop[6] nous chercher, je vais me décrire. Je mesure[7] 1,60 m, j'ai les cheveux mi-longs[8] que j'attache[9] habituellement. Je serai sans doute en tailleur[10] de couleur sombre[11] parce que j'arriverai directement de mon bureau.

On pourra bien sûr discuter à l'hôtel des lieux que nous allons visiter, mais si c'est possible, j'aimerais bien faire une petite recherche auparavant[12]. J'habite à Tokyo, mais je dois vous avouer[13] que j'y fais rarement du tourisme[14]. ***Je vous serai*** **donc** ***très reconnaissante de bien vouloir*** m'indiquer où vous voulez aller.

En attendant votre réponse,

Eriko Ikeda

Pour vous aider

1) **le jour même** : そのまさに当日に
2) **séjourner** : 滞在する
3) **ne pas savoir si ...** :「～かどうかわからない」。接続詞にはsiを使用する。
4) **hall** 男 **d'accueil** : ロビー

この他のホテルの設備の語彙に、**réception** 女「受付」、**ascenseur** 男「エレベーター」、**escalier** 男「階段」、**escalator** 男「エスカレーター」、**couloir** 男「廊下」、**chambre** 女「ホテルの部屋」（一般に、ベッドが置いてある部屋をchambreと呼び、それ以外の部屋はsalle 女 と呼ぶ）。フランスのホテルには、よく**cour** 女「中庭」がある。

5) **se retrouver** : お互いを見つけ出す
6) **sans trop + 不定詞** : あまり～せずに
7) **主語 + mesurer + 長さ（背の高さ）** :「～の長さ（背の高さ）がある」。長さや背の高さを言う時には、faireも使える。
8) **mi-long** : セミロング
9) **attacher** : 結ぶ
10) **en tailleur** :「女性用のスーツ姿で」。男性用スーツはcostume 男
11) **couleur** 女 **sombre** : 暗い色
12) **auparavant** : 前もって
13) **avouer** : 告白する
14) **faire du tourisme** :「観光する」。部分冠詞を用いる。

件名：ホテルでお互いを見つけるために
マルタンご夫妻へ
　ご返信ありがとうございます。それでは、ご到着当日の夜7時に、ホテルでお目にかかることを楽しみにいたしております。
　滞在なさる予定のホテル・ガーデンには、私まだ行ったことがなく、ロビーが広いのかどうかを知りません。お互いをあまり探し回ることなく、お互いをより見つけやすくするために、私の容姿を説明いたします。背の高さは1メートル60、セミロングの髪を普段は結んでいます。会社から直接うかがいますので、おそらくダークカラーのスーツを着ていると思います。
　お二人が観光なさる場所について、もちろんホテルで相談することも可能ですが、（もしできれば）事前に少し調べておければと思っております。私は東京に住んではおりますが、正直に申し上げますと、ここでの観光はめったにいたしません。したがいまして、お二人がいらっしゃりたい所を私に教えていただければ、たいへんうれしく存じます。
　お返事をお待ち申し上げております。

池田恵理子

■メールでよく使う表現

1. お礼を伝える

Je vous remercie pour ... またはJe vous remercie de ...のあとには、名詞と不定詞がつけられます。

名詞の例　: ***Je vous remercie pour*** ［***de***］ votre message.

不定詞の例 : ***Je vous remercie pour*** ［***de***］ m'avoir répondu.

不定詞を使う時には注意が必要で、すでに行なったことに対してお礼を言う時は、不定詞の複合形（助動詞の不定詞＋過去分詞）を続けます。

Je vous remercie pour ［de］ lui ***avoir envoyé*** un e-mail.
彼にメールを送ってくださったことに、お礼申し上げます。

Je vous remercie pour ［d'］ ***être venu*** chez moi.
私の家に来てくださったことに、お礼申し上げます。

不定詞部分を複合形ではなく単純形にすると、これから行なってもらうことに対して先にお礼を述べることになります。

Je vous remercie pour ［de］ lui ***envoyer*** un e-mail.
彼にメールを（これから）送ってくださることに、お礼申し上げます。

Je vous remercie pour ［de］ ***venir*** chez moi.
私の家に来てくださることに、お礼申し上げます。

先にお礼を述べる場合には、d'avance「前もって」を加える場合もよくあります。

Je vous remercie ***d'avance*** *pour* ［de］ lui envoyer un e-mail.

2.「～することを楽しみにしております」〈avoir le plaisir de＋不定詞〉

フランス語の現在形は未来も表せるので、avoir部分は現在形でも単純未来形でも使えます。

J'ai le plaisir de vous revoir dans un mois.
1か月後にまたお目にかかれることを楽しみにいたしております。

J'aurai le plaisir de faire connaissance avec votre fils.
ご子息と知り合いになれることを楽しみにいたしております。

3. 丁寧に何かを頼む〈Je vous serai très reconnaissante de＋不定詞〉

Je vous serai très reconnaissant(e) de m'indiquer l'heure de votre arrivée.
ご到着時刻を教えてくださればたいへん嬉しく存じます。

不定詞の前にbien vouloirをつけると、さらに丁寧な表現になります。

Je vous serai très reconnaissant(e) de ***bien vouloir*** m'indiquer l'heure de votre arrivée.　ご到着時刻を教えていただければ大変嬉しく存じます。

À vous !

左ページを参考にして、フランス語文を完成させましょう。

1） Je ______________________ votre réponse si généreuse.

あのようにご親切なお返事に感謝いたします。

2） Je ______________________ m'indiquer le numéro de votre vol.

フライト番号を教えてくださいますようお願いいたします。

3） Je vous remercie ______________________ mademoiselle Eriko Ikeda.

私たちに池田恵理子さんをご紹介くださったことに感謝いたします。［←不定詞の形に注意］

4） J'______________________ recevoir votre fille chez nous la semaine prochaine pour le dîner.

来週、お嬢様を私たちの家での夕食にお迎えすることを楽しみにしております。

5） Je ______________________ venir nous chercher à l'aéroport.

空港まで私たちを迎えに来ていただければ、たいへん嬉しく存じます。

Infos à picorer

メールの書式

紙を使った手紙には、各段落の頭を下げるなどの決まった書式があります。しかしメールを使ったメッセージは新しい通信法なので、確立した決まりはまだありません。慣例では、段落の頭下げは行わず、段落間は１行空ける人が多いようです。

À vous ! 解答

1) Je vous remercie pour [de] votre réponse si généreuse.
2) Je vous remercie (d'avance) pour [de] m'indiquer le numéro de votre vol.
3) Je vous remercie de nous avoir présenté mademoiselle Eriko Ikeda.
4) J'ai [J'aurai] le plaisir de recevoir votre fille chez nous la semaine prochaine pour le dîner.
5) Je vous serai très reconnaissant de (bien vouloir) venir nous chercher à l'aéroport.

3 ホテルにて（1）はじめまして

日本到着の夜、ホテルのロビーにいたマルタン夫妻は、ダークスーツ姿で髪を結んだ若い女性を見つけ、声をかけてみることにしました。

03

Nicolas : Excusez-moi, Mademoiselle.
Vous êtes *bien* mademoiselle Eriko Ikeda ?

Eriko : Oui, c'est moi-même[1]. Vous êtes monsieur et madame Martin ?

Nicolas : Oui, bonjour, Mademoiselle. Je vous remercie[2] d'être venue[3].

Céline : Bonjour, Mademoiselle.

Eriko : Enchantée[4] ! J'espère que vous n'êtes pas trop fatigués après un si long voyage. De Paris à Tokyo, il y a combien d'heures de vol[5] ?

Nicolas : Je crois qu'on nous a annoncé... **C'était combien d'heures, *déjà* ? Ah oui, 11 heures, *je crois*.**

Eriko : Rester assis pendant 11 heures, **c'est quand même[6] fatigant, *je trouve*.**

Nicolas : Oui, mais comme on est arrivés[7] à dormir un peu dans l'avion, ça va, nous sommes prêts à[8] sortir.

Eriko : C'est très bien ! Alors, qu'est-ce que vous aimeriez[9] faire maintenant ? Voulez-vous acheter quelque chose, ou préférez-vous manger, d'abord ? Vous avez peut-être faim ?

Nicolas : Si cela ne vous dérange pas, nous voudrions[10] d'abord aller manger quelque chose de[11] léger.

Eriko : Très bien, pas de problème !

Pour vous aider

1）**c'est moi-même** :「（はい）私です」という決まり文句。たとえば電話などで、«Je voudrais parler à monsieur Tanaka. » と言われた田中さんが自分で電話をとった場合は、« Oui, ***c'est moi-même***. » と答える。

2）**remercier + 人** : 日本語では「～に感謝する」と言うので、「人」の部分は間接目的のように思えるが、フランス語では直接目的なので注意が必要。したがって「彼に感謝する」は$^{\times}$Je lui remercie. ではなく、Je ***le*** remercie. となる。

3）être venue という行為を行なったのは恵理子なので、過去分詞 venue に一致がある。

4）**enchanté(e)** : 初対面の時の挨拶

5）**vol**男 : フライト、便

6）**quand même** :「やはり、やっぱり」。会話でよく使う表現。

7）**on と過去分詞・形容詞の一致** : on が誰を指しているのかが具体的にはっきりとしている場合は、通常一致させる。この場合の on はマルタン夫妻を指していることがはっきりとしているので、arrivés となっている。漠然とした人々を指す場合は、一致させない。

8）**prêt(e) à + 不定詞** : ～できる状態にある

9）**vous aimeriez** : 条件法を使うことにより丁寧な感じを出している。

10）**nous voudrions** : 条件法を使うことにより丁寧な感じを出している。

11）**quelque chose de + 形容詞** : quelque chose に形容詞をつけて「～な何か」と言いたいときは、形容詞を直接つけずに、de を間に入れる。

ニコラ　：すみません。池田恵理子さんでいらっしゃいますよね？
恵理子　：はい、池田です。マルタンご夫妻でいらっしゃいますか？
ニコラ　：そうです、こんにちは。いらしてくださり、ありがとうございます。
セリーヌ：こんにちは。
恵理子　：はじめまして！ 長時間の移動のあとで、あまりお疲れでないとよいのですが。パリから東京までは、何時間のフライトですか？
ニコラ　：たしか（機内）放送によると…。何時間だったかな？ そうだ、11時間だったと思います。
恵理子　：11時間も座り続けていると、やっぱりお疲れになりますよね。
ニコラ　：ええ、でも機内で少し眠れましたので、大丈夫です、外出できます。
恵理子　：それはよかったです。では、今から何をなさりたいですか？ 何か買い物をなさりたいですか、それともまず食事をなさりたいでしょうか？ もしかしてお腹がすいていらっしゃるのではありませんか？
ニコラ　：もしよろしければ、まず何か軽いものを食べにいきたいのですが。
恵理子　：もちろん大丈夫です。

■ ひとこと付け足すだけででき上がる表現法

この課では、ひとこと付け足すだけででき上がる表現法を紹介します。

1. 何かを確認する言葉bien

bienを加えるだけで、何かを確認する表現にすることができます。この課の会話では、Vous êtes ***bien*** mademoiselle Eriko Ikeda ?「あなたが池田恵理子さんであることは確かですよね？」という文で使われています。

C'est 10 euros. にbienを加えてC'est ***bien*** 10 euros ?とすれば「これは10ユーロで大丈夫ですよね？」、Il arrive le 10. をIl arrive ***bien*** le 10 ?とすれば「彼は確かに10日に到着するのですよね？」という確認の表現になります。

2. déjà「～でしたっけ？」

何かをはっきりと思い出せず、「～でしたっけ？」というニュアンスを加えたい時は、**déjà**という表現が役立ちます。この課では、C'était combien d'heures, ***déjà*** ?「何時間だったかな？」という部分で使われています。**déjà**を加えるだけででき上がる簡単な表現法です。

Il s'appelle comment ***déjà*** ?「彼の名前は何だったかな？」、Il viendra à quelle date ***déjà*** ?「彼が来るのは何日だったかな？」、Il est allé où ***déjà*** ?「彼はどこに行ったんだっけ？」のように、現在・未来・過去について使えます。

3. 最後にちょっと付け足す表現

自分の考えを述べる時、多くの学習者がJe crois que ..., je pense que ...で文を始めます。これは正しい表現ですが、会話であれば、先に自分の考えを言ってしまってから、最後に**..., je crois.** / **..., je pense.** と付け足す方法も便利です。この課ではAh oui, 11 heures, ***je crois***.の部分で使われています。

これをJe crois que ...で始めると、どうしてもJe crois que c'est 11 heures.のように、queのあとに主語と動詞を入れなければなりません。その主語と動詞がc'estであれば簡単ですが、活用が難しい動詞などの場合は動詞を省きたくなります。このような場合の逃げ道として使うこともできます。

何かについて感じたり、思ったりしたことを言う場合は、文末に**..., je trouve.**を加えましょう。この課ではc'est quand même fatigant, ***je trouve***.「やっぱり疲れると思います」の部分で使われています。

À vous !

この課で学んだことを参考にして、フランス語文を完成させましょう。

1） Cette jeune femme doit être Eriko parce qu'elle porte ＿＿＿＿＿ un tailleur ＿＿＿＿＿＿＿＿.
あの若い女性は恵理子さんにちがいないよ。濃い灰色のスーツを確かに着ているから。

2） Qu'est-ce qu'elle nous a dit ＿＿＿＿ de ses cheveux ?
彼女は自分の髪について何と言っていたっけ？

3） Elle nous a dit qu'elle les attache, ＿＿＿＿＿＿＿＿＿ .
それを結んでいると言っていたと思うわ。

4） Vous avez ＿＿＿＿ récupéré vos valises ?
ちゃんとスーツケースを回収なさいましたか？

5） J'espère ＿＿＿＿＿＿＿＿＿＿＿＿＿＿＿＿＿＿＿＿ parce que 11 heures de vol, c'est ＿＿＿＿＿＿＿＿ quelque chose.
あまりお疲れでないとよいのですが。やっぱり11時間のフライトはちょっとしたものですから。

Infos à picorer

大文字のMonsieur ? 小文字のmonsieur ?

会話やメッセージで、Monsieur, Madame, Mademoiselleという単語を使って直接相手に声をかけている場合は、大文字を使います。この課の会話ではExcusez-moi, *Mademoiselle.* がその例です。

直接の声掛けでない場合は、小文字を使います。Vous êtes bien *mademoiselle* Eriko Ikeda ? が、これにあたります。

À vous ! 解答

1) Cette jeune femme doit être Eriko parce qu'elle porte <u>bien</u> un tailleur <u>gris foncé</u>.
2) Qu'est-ce qu'elle nous a dit <u>déjà</u> de ses cheveux ?
3) Elle nous a dit qu'elle les attache, <u>je crois [je pense]</u>.
4) Vous avez <u>bien</u> récupéré vos valises ?
5) J'espère <u>que vous n'êtes pas trop fatigué(e)(s)</u> parce que 11 heures de vol, c'est <u>quand même</u> quelque chose.

4　ホテルにて（2）滞在予定の相談

カフェへ移動した３人は、夫妻の日本滞在について相談を始めます。

04

Eriko : **Est-ce que vous *avez prévu de*[1] faire quelque chose** en particulier ?

Nicolas : Ce week-end, nous allons à Kyoto et à... Ah, je ne me rappelle[2] plus le nom de la ville. Attendez, je vais le chercher sur mon portable[3].

（ニコラはスマートフォンで町の名前を調べました）

Nicolas : Ah, voilà ! Elle s'appelle Nara, cette ville. Et le reste du temps, heu... nous sommes à Tokyo pour faire du tourisme, des achats[4], *etc.*

Eriko : Vous voulez sans doute[5] visiter les alentours de[6] Tokyo aussi ?

Nicolas : Oui, **bien sûr**. Est-ce que vous pouvez me recommander des sites à visiter[7] autour de Tokyo ?

Eriko : Attendez, je réfléchis... Si les temples vous intéressent, on peut visiter une ville qui s'appelle Nikko. Ou bien, si vous aimez les beaux-arts[8], il y a un musée de sculptures[9] en plein air[10] dans la montagne. Ou encore, pour faire un peu de marche, vous avez le mont Takao qui est dans le Guide Michelin.

Nicolas : Oh, tant de choses à faire[11] !

Pour vous aider

1） **prévoir de + 不定詞 :**「～することを前もって計画する」。〈J'ai prévu de + 不定詞〉は「～することをすでに計画してある」。

2） **se rappeler + 名詞 :**「～を思い出す」。同じ意味のse souvenirは、後ろにdeをともなって名詞が続くので注意。

3） **sur mon portable :**「自分の携帯電話/スマートフォンで」。dans mon portableとも言う。

4） **tourisme** 男 は不可算名詞なので部分冠詞duを、achat 男 は可算名詞なので不定冠詞desをつけて、faireにつなげる。

5） **sans doute**：日本語では「おそらく」にあたり、話者がある程度の確信をもっていることを表す。これに対しpeut-êtreは「もしかすると」にあたり、確信の度合いが大分低くなるので、使い分けに注意（→p.72参照）。

6） **les alentours** 男 **de + 地名 :** ～の近郊

7） **sites** 男 **à visiter :**「訪れる必要がある場所」。〈名詞 + à + 不定詞〉の表現で、ここでは不定詞が、必要なことや予定を表す。例 : des devoirs à faire「やらなくてはならない宿題」

8） **beaux-arts** 男 **:** 複数形で「芸術」。

9） **sculpture** 女 **:**「彫刻」。pの文字は発音しない[skyltyr]。接尾辞-ureで終わる名詞は常に女性名詞（ただし化学物質を除く）。

10） **en plein air :** 屋外で

11） 上記の7）で説明した〈名詞 + à + 不定詞〉の表現。

恵理子 ：何か特に予定してあることがありますか？
ニコラ ：今週末行くのは、京都と…おっと、あの町の名前を思い出せないな。待ってください、名前をスマホで探しますので。
（……）
ニコラ ：あ、あった！ Naraというのです、その町は。それ以外の時は東京にいて、観光や買い物などをします。
恵理子 ：おそらく東京近郊も観光なさりたいでしょう？
ニコラ ：ええ、もちろん。東京近郊で行ったほうがよい場所を推薦していただけますか？
恵理子 ：お待ちください、ちょっと考えますので…。もし神社仏閣に興味があるのでしたら、Nikkoという町に行くとよいかもしれません。または、もし芸術がお好きなら、山の中の屋外にある彫刻の美術館があります。これ以外にも、ちょっとウォーキングをするならば、ミシュランガイドに載っている高尾山がありますよ。
ニコラ ：おお、そんなにやれることがあるのですね！

■ 予定をたずねる表現

①動詞 prévoir, envisager, penser に不定詞を続ける場合、prévoir と envisager は不定詞の前に de が必要です。

Est-ce que vous ***avez prévu de*** faire quelque chose ?
何かすでに予定していることがありますか？

Qu'est-ce que vous ***envisagez de*** faire ? / Qu'est-ce que vous ***pensez*** faire ?
何をするおつもりですか？

②動詞 savoir を使う場合は déjà を加えることがよくあります。

Est-ce que vous ***savez déjà*** ce que vous allez faire ?
これからなさることについて、すでに心づもりがありますか？

③名詞 projet 男、idée 女を使うこともできます。

Est-ce que vous avez ***des projets*** ?　ご計画がありますか？

Quels sont ***vos projets*** ?　ご計画は何ですか？

Est-ce que vous avez déjà ***une idée*** de ce que vous voulez faire ?
やりたいことについて、何かすでにお考えがありますか？

■ 予定を伝える表現

①動詞（句）envisager, avoir l'intention, compter に不定詞を続ける場合、envisager と avoir l'intention は不定詞の前に de が必要です。

J'***envisage de*** visiter un aquarium.　水族館を見学することを考えています。

J'***ai l'intention d'***aller au zoo.　動物園に行くつもりです。

Je ***compte*** aller dans un parc d'attractions.　遊園地に行くつもりです。

②現在形・近接未来形・単純未来形を使うことも可能です。未来のことについて語る時、フランス語では現在形も使えます。

Je ***participe*** [Je ***vais participer*** / Je ***participerai***] à une excursion organisée.
パッケージツアーに参加します。

■「もちろん」の意味を持つ表現

①「もちろんそうです。～です」

Bien sûr [***Bien sûr que oui*** / ***Tout à fait*** / ***Absolument***] , je compte aller au salon de l'automobile.
もちろん、モーターショーには行くつもりです。

②「もちろんのこと（わかりきったことですが）、～です」

Bien entendu [***Évidemment*** / ***Effectivement*** / ***Naturellement***] , les enfants veulent aller voir le festival de la bande dessinée.
もちろんのこと、子どもたちはまんがの祭典に行きたがっています。

À vous !

左ページを参考にして、フランス語文を完成させましょう。

1) Est-ce que vous ________________ ce que vous voulez aller voir ?

見に行きたいものについて、何かすでにお考えがありますか？ ＊考え：idée

2) ________ que oui, ________________ aller voir l'exposition sur les peintures japonaises.

もちろんあります。日本画の展覧会を見に行くつもりです。

3) ________________ de votre fils ?

息子さんの計画は何ですか？

4) ________, il ________________ aller au fameux marché de la B.D. et de l'animation.

もちろん、息子はあの有名なまんがとアニメのマーケットにいくつもりです。

5) Nous ________________ aller au marché aux poissons pour voir la vente aux enchères du thon.

私たちは、魚市場へ行って、まぐろの競りを見ることを、すでに計画してあります。

Infos à picorer

ミシュランガイド

ミシュランガイドには2種類があります。高尾山Mont Takaoが載っているのは、Guide Vert Michelinミシュラン・グリーンガイド（各地の魅力を伝える旅行ガイド）で、表紙は緑色です。一方、レストランの星による格付けで有名なのはGuide Michelinで、表紙が赤であることからGuide rougeという通称が使われています。Guide Michelinは、タイヤメーカーのミシュラン社が1900年に顧客に無料で配布したガイドが始まりです。

À vous ! 解答

1) Est-ce que vous avez déjà une idée de ce que vous voulez aller voir ?
2) Bien sûr que oui, nous envisageons d' [nous avons l'intention d'/nous comptons] aller voir l'exposition sur les peintures japonaises.
3) Quels sont les projets de votre fils ?
4) Bien entendu [Évidemment / Effectivement / Naturellement], il envisage d' [a l'intention d'/compte] aller au fameux marché de la B.D. et de l'animation.
5) Nous avons déjà prévu d'aller au marché aux poissons pour voir la vente aux enchères du thon.

5 電車に乗る（1）切符の買い方・電車の乗り方

日本到着の翌日の夜です。3人はホテル最寄りの駅の切符売り場にいます。これから電車に乗って渋谷へ行くのです。

Nicolas : Ça coûte combien pour aller jusqu'à Shibuya ?

Eriko : C'est 170 yens. Mais vous savez, si vous utilisez cette carte que j'ai ici, ça coûte un peu moins cher : 168 yens. Celle-ci[1)] est plutôt pour les habitants[2)] du Japon, mais il y a une carte identique destinée aux[3)] touristes étrangers.

Nicolas : Ah, c'est bien, ça !

Eriko : Et puis, ce qui est pratique avec cette carte, c'est que vous pouvez prendre n'importe quelle[4)] ligne[5)] dans la région métropolitaine[6)].

Nicolas : Sans cette carte, ***il faut* acheter un nouveau ticket**[7)] chaque fois qu'on[8)] change de[9)] ligne ?

Eriko : Pas exactement, mais c'est à peu près ça[10)].

（3人はホームに移動しました）

Nicolas : On fait la queue[11)] pour monter dans le train ?

Eriko : Oui, il y a beaucoup de monde à Tokyo. Ah, et j'ai quelques précisions[12)] à vous donner avant de monter. D'abord, ***il faut* mettre son portable en mode silencieux**[13)]. Ensuite, quand il y a vraiment du monde dans le train, ***on peut* se permettre de**[14)] **pousser les gens** un petit peu pour entrer dans le wagon[15)].

Pour vous aider

1）**celle-ci :** ここで在住者用と観光客用の２枚のカードが登場するので、「（私が持っている）こちらのは」という意味で、指示代名詞女性単数の**celle-ci**が使われている。くだけた会話であれば、**Ça, c'est pour les habitants du Japon.**のように言うこともできる。

2）**habitant(e) :** 住民

3）**destiné(e) à ... :** ～に向けられた

4）**n'importe quel(le) ... :** どの～でも（→p.52参照）

5）**ligne** 女 **:** 路線

6）**métropolitain(e) :** 首都の

7）**ticket** 男 **:** 切符

8）**chaque fois que ... :** ～するたびに

9）**changer de + 無冠詞の名詞単数形 :** ～を変える（→p.116参照）

10）**Pas exactement, mais c'est à peu près ça. :**「正確にはそうではありませんが、だいたいそういったところです」。詳しい説明は必要ないと感じた時に使える便利な表現。

11）**faire la queue :** 列を作る

12）**précision** 女 **:** 詳しい説明

13）**mettre son portable en mode silencieux :** 携帯電話をマナーモードにする

14）**se permettre de + 不定詞 :** あえて～する

15）**wagon** 男 **:** 車両

ニコラ　：渋谷まで行くのにいくらかかりますか？

恵理子　：170円です。でもご存知ですか、私がここに持っているこのカードを使うと、もう少し安くなるんですよ。168円です。このカードはどちらかというと日本在住者のためのものですが、外国からの観光客向けのカードもあります。

ニコラ　：ああ、それはいいですね！

恵理子　：それに、このカードが便利なのは、首都圏のどの路線でも乗れるということなんです。

ニコラ　：このカードがなかったら、路線を乗り換えるたびに、新たな切符を買わなくてはならないのですか？

恵理子　：正確にはそうではありませんが、おおむねそういったところです。

（……）

ニコラ　：電車に乗るのに、列を作るのですか？

恵理子　：ええ、東京にはたくさんの人がいますので。あっ、乗る前にいくつかお伝えしたい情報があります。まず、携帯電話をマナーモードにしなければなりません。それから、もし本当にたくさんの人が電車内にいたら、車内に入るために、あえてちょっと人を押してしまってもかまいません。

■ 指示、禁止、容認の表現

1. 指示の表現「〜しなければいけない」：公共マナーの場合

指示の表現はたくさんありますが、列車内ではマナーモードにしなければならないなどの公共マナーをフランス語で伝える場合には、〈Il faut + 不定詞〉〈On doit + 不定詞〉が適切な表現です。〈Vous devez + 不定詞〉を使うと、直接相手のvousに向かって強く義務付けている感じを与えてしまいます。

Il faut porter son sac à dos contre le corps [sur la poitrine].
リュックは前がけにしなければなりません。

On doit céder sa place aux personnes handicapées.
障がい者に席を譲らなければなりません。

公共マナーを指示するのに命令法を使うことも可能ですが、その場合は声の調子に注意してください。命令法は命令を伝える方法なので、きつい口調で言うと相手が驚いてしまいます。

2. 禁止の表現「〜してはいけない」：公共マナーの場合

交通規則などの明確な禁止事項ではなく、公共マナーの禁止事項を伝える場合は、〈Il ne faut pas + 不定詞〉〈On ne doit pas + 不定詞〉が適切です。

Il ne faut pas parler au téléphone dans le train*.
列車内では、電話で話してはいけません。

On ne doit pas s'amuser avec les sangles** dans le train ou le métro.
電車や地下鉄内のつり革で遊んではいけません。

*　おおむね、地上を走っている鉄道はtrain 男、地下鉄はmétro 男 と呼びます。
**フランスの列車にはつり革がないので、ここでは帯ひも・バンドという意味のsangle 女という単語を使いました。バスにはつり革がある場合もあります。

「1. 指示の表現」と同様、vous ne devez pas ... は直接相手に向かっているのできつい表現となりますので、公共マナーを伝える程度の時には使わないほうがよいでしょう。

3. 容認の表現「〜してもかまわない」

この課のon peut se permettre de pousser les gens「あえて人を押してもかまわない」にあるように、「〜してもかまわない」という容認を表現する時は、tu peux ..., on peut ..., vous pouvez ... が使えます。

S'il n'y a pas beaucoup de monde dans le wagon, vous ***pouvez porter*** votre sac à dos normalement.
列車内に人があまり多くなければ、リュックを普通に背負ってもかまいません。

À vous !

左ページを参考にして、フランス語文を完成させましょう。

1） ________________ manipuler son portable en marchant.

歩きながらスマートフォンを操作してはいけません。

2） ________________ se pencher sur la barrière qui est au bord du quai.

ホームの端にあるホームドアによりかかってはいけません。

3） Avec des écouteurs, ________________ écouter de la musique dans le train.

イヤホンを使えば、電車内で音楽を聴いてもかまいません。

4） Sur le quai, ________________ dépasser la ligne jaune.

ホームの上では、黄色の線の外側に出てはいけません。

5） À la gare, ________________ passer correctement sa carte sur le lecteur du portillon*.

＊portillon 男：背の低い扉

駅では、自分のカードを、改札機の読み取り機の上に正しく通さなければなりません。

Infos à picorer

ticket と billet

どちらの単語も、日本語では「切符」になります。一般的に多少厚い紙でできた小さめの切符（日本の地下鉄の切符サイズ）はticket 男、お札サイズの大きめの切符はbillet 男 と呼ばれます。パリですと、メトロや路線バスには共通のticketを使います。一方、TGVなどに乗る時はbilletになります。最近では自宅であらかじめ印刷して持参する切符もあります。その切符にはQR codeがあり、車掌がそれをスキャンして確認を行います。

À vous ! 解答

1) Il ne faut pas [On ne doit pas] manipuler son portable en marchant.
2) Il ne faut pas [On ne doit pas] se pencher sur la barrière qui est au bord du quai.
3) Avec des écouteurs, vous pouvez [on peut] écouter de la musique dans le train.
4) Sur le quai, il ne faut pas [on ne doit pas] dépasser la ligne jaune.
5) À la gare, il faut [on doit] passer correctement sa carte sur le lecteur du portillon.

6　電車に乗る（2）緊急停止

電車が駅を出発しました。ところが次の駅に着く前に、突然電車が停車し、車内アナウンスが流れます。

Eriko　: L’annonce dit que le train va s’arrêter un moment parce que l’alarme[1] a été déclenchée sur le quai de la gare suivante.

Nicolas : Ils ont expliqué ce qui s’est passé[2] ?

Eriko　: Non, mais très souvent, c’est une fausse alerte[3]. Comme n’importe qui sur le quai peut appuyer sur[4] le bouton d’alarme, il y a des petits malins[5] qui s’amusent à[6] la[7] déclencher. Les employés vérifient le quai et normalement, on part dans deux minutes.

Nicolas : Les trains s’arrêtent souvent comme ça au Japon ?

Eriko　: Dans les grandes villes, oui, assez souvent. Mais des fois[8], ça peut être une vraie alarme parce qu’il y a des gens qui tombent du quai sur les rails[9].

Nicolas : Des suicides ?

Eriko　: ***Pas toujours***[10], **mais ça arrive**[11]. Surtout le lundi[12] matin quand on commence la semaine[13]...

（安全確認のアナウンスが流れ、電車が出発しました）

Eriko　: Voilà, on repart ! Je pense que c’était une fausse alerte. Heureusement, parce que si cela avait été[14] un accident ou une intrusion[15] sur la voie ferrée[16], il aurait fallu[14] attendre plus longtemps.

Pour vous aider

1） **alarme** 女 : 警報

2） **ce qui s'est passé** : おきたこと。〈出来事 + se passer〉で「～がおきる」の意味。

3） **alerte** 女 : 警報

4） **appuyer sur ...** : ～を押す

5） **petits malins** : malin, maligneは「抜け目のない悪い奴」という意味だが、petitsがついているので、ここでは「いたずら者」と解釈する。

6） **s'amuser à + 不定詞** : ふざけて～する

7） **la** : alarme 女 を指す代名詞。文法上はalerte 女 を指すことも可能だが、déclencher une alarme, lancer une alerteという使い方なので、ここではalarmeを指すと考えるのが妥当。

8） **des fois, ...** : ときには、～

9） **rail** 男 : レール

10） **pas toujours ...** : いつも～だとは限らない（→p.32参照）

11） **ça arrive** : それがおきることもある

12） **le lundi** : 毎週月曜日に

13） **la semaine** : ウィークデー、平日

14） **avait été** : 〈si + 直説法大過去形, 条件法過去〉「もし～だったら、～だった」という構文の大過去の部分。条件法過去部分はaurait fallu。

15） **intrusion** 女 : 闖入

16） **voie** 女 **ferrée** : 鉄道

恵理子 ：しばらくの間電車が止まる、次の駅のホームで警報が発せられたからだとアナウンスしています。

ニコラ ：何が起きたか説明はありましたか？

恵理子 ：いいえ、でも多くの場合、誤報です。ホームにいる誰でも警報ボタンを押せるので、いたずら者がふざけて警報を発してしまうのです。（駅の）係員がホームを確認し、通常はすぐに発車します。

ニコラ ：日本では、このようにしょっちゅう電車が止まるのですか？

恵理子 ：はい、大きな都市ではかなり頻繁です。でも、時には本当の警報であることもあります。ホームからレールに転落する人たちがいるからです。

ニコラ ：自殺ですか？

恵理子 ：いつもそうとは限りませんが、自殺の場合もあります。特に月曜の朝、ウィークデーが始まる時です…。

（……）

恵理子 ：ほら、出発しますよ！　誤報だったと思います。よかったです。もし事故や線路内への立ち入りだったならば、もっと長い時間待たなければならなかったはずですから。

■ pasと副詞の語順

1. pas toujoursと toujours pas

この課の会話に ***Pas toujours***, mais ça arrive.「いつもそうとは限りませんが、それがおこることもあります」という文が出てきました。この文のpasとtoujoursの語順に注目してください。pas（否定）が先にあって、そのあとに続くtoujours（いつも）を修飾していますので、「いつもではない」という意味になります。

ところが、順番を入れ替えてtoujours pasとすると、toujoursがpasを修飾することになりますので、「あいかわらず否定」「あいかわらず違う」という意味になります。次の２つの例文を比べてみてください。

Je ne comprends ***pas toujours*** ses idées.
彼の考えがいつもわかるというわけではありません（わかる時もある。）

Je ne comprends ***toujours pas*** ses idées.
彼の考えは、あいかわらず私にはわかりません。

このようにpasとの語順によって意味が変わり、注意が必要な副詞を以下にご紹介します。

2. pas vraimentと vraiment pas

Je n'ai ***pas vraiment*** besoin de cet argent. そのお金が本当に必要というわけではありません。
Je n'ai ***vraiment pas*** besoin de cet argent. そのお金は本当に必要ないのです。

3. pas absolumentと absolument pas

C'est interdit de porter des baskets ici ?　– ***Pas absolument***.
「ここでスニーカー着用は禁止ですか？」「絶対にだめというわけではありません」

On ne peut pas porter de baskets ici ?　– ***Absolument pas.***
「ここではスニーカーをはいてはいけないのですか？」「絶対にだめです」

4. pas forcémentと forcément pas

Elle n'est ***pas forcément*** capable de le faire. 彼女にそれができる能力があるとは限らないです。
Elle n'est ***forcément pas*** capable de le faire. 彼女にそれができる能力は当然ありません。

5. pas nécessairementと nécessairement pas

Nous n'arriverons ***pas nécessairement*** en retard si nous pouvons prendre l'express à la gare suivante.
もし次の駅で急行をつかまえることができれば、必ずしも遅刻するとは限りません。

Nous n'arriverons ***nécessairement pas*** à l'heure, même en prenant l'express à la gare suivante.
たとえ次の駅で急行に乗れたとしても、間違いなく遅刻になるでしょう。

À vous !

左ページを参考にして、フランス語文を完成させましょう。

1） Le train est arrêté depuis un quart d'heure et il n'y a ________________ d'annonce sur ce qui s'est passé.

15分前から電車は止まっていますが、何が起きたのかのアナウンスはあいかわらずありません。［←toujoursを使って］

2） Ce n'est ________________ une fausse alerte. De temps en temps, c'est une vraie.

いつも誤報とは限りません。ときには、本物です。［←toujoursを使って］

3） Malheureusement, dans les trains bondés, il y a des frotteurs. Il ne faut ________________ fermer les yeux sur cet acte.

残念ながら満員電車の中には、痴漢がいます。この行為に、絶対に目をつぶってはいけません。［←absolumentを使って］

4） – Il faut faire un détour maintenant ?
– Ce n'est ________________ nécessaire.

「今から迂回しなくてはなりませんか？」
「絶対に必要というわけではありません」［←absolumentを使って］

Infos à picorer

パリのメトロ

パリの最初の地下鉄は、1900年のパリ万国博覧会に合わせて開業しました。そして2020年現在では16路線を数えています。メトロはパリの象徴のひとつとも言われていますが、その理由はおそらくles édicules Guimardにあると思われます。édicule 男 は「公道わきの小建築物」という意味で、les édicules Guimardは、地上からメトロの駅へと降りていく階段の柵や、そこがメトロの駅であることを示す看板を指しています。そのほぼ全てが、Hector Guimardによるアール・ヌーヴォー調のデザインで、パリの街角の雰囲気をかもしだしています。

À vous ! 解答

1) Le train est arrêté depuis un quart d'heure et il n'y a <u>toujours pas</u> d'annonce sur ce qui s'est passé.
2) Ce n'est <u>pas toujours</u> une fausse alerte. De temps en temps, c'est une vraie.
3) Malheureusement, dans les trains bondés, il y a des frotteurs. Il ne faut <u>absolument pas</u> fermer les yeux sur cet acte.
4) – Il faut faire un détour maintenant ? – Ce n'est <u>pas absolument</u> nécessaire.

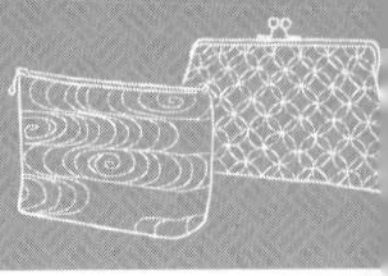

7 渋谷にて（1）買い物の相談

渋谷に到着した3人は、今では世界的に有名になった交差点の手前にいます。

07

Nicolas : C'est ça, le fameux[1] carrefour[2] de Shibuya !

Eriko : Oui. Le feu[3] est vert. Allez ! On traverse maintenant.

（交差点を渡ったあとで）

Nicolas : Si c'est possible, nous voudrions d'abord faire du shopping[4] pour profiter de[5] la détaxe[6].

Eriko : Très bien. Qu'est-ce que vous voulez acheter ? Dans ce bâtiment-là, il y a beaucoup de boutiques qui vendent, par exemple, des porte-clés[7], des magnets[8], des éventails[9]...

Nicolas : Est-ce qu'il y a une papeterie[10] ? Je voudrais acheter **quelque chose en papier *traditionnel japonais***. Il paraît qu'au[11] toucher[12], **il est un peu différent *du nôtre***.

Eriko : Je pense que vous parlez de ce qu'on[13] appelle washi en japonais.

Nicolas : Oui, peut-être[14].

Céline : Et moi, j'aimerais bien acheter une jolie petite trousse en tissu[15] à motif[16] japonais.

Eriko : D'accord. On va voir s'il[17] y en a.

Pour vous aider

1）**fameux, fameuse** : 有名な、例の

2）**carrefour** 男 ：交差点

3）**feu** 男 ：信号（→p.37参照）

4）**faire du shopping** :「買い物をする」。shoppingの前には部分冠詞をつける。faire du shoppingはお土産や洋服などの買い物を指し、スーパーマーケットなどで食料品などを買う日常の買い物はfaire les coursesと言う。

5）**profiter de ...** : ～を利用する、～を有効に使う

6）**détaxe** 女 : 免税

7）**porte-clés, porte-clefs** 男 :「キーホルダー」。複数でもporteにsはつけない。

8）**magnet** 男 :「（冷蔵庫などにつける）マグネット」。発音は[maɲet]または[magnet]。

9）**éventail** 男 ：「扇子」。うちわもéventailと呼ぶ。

10）**papeterie** 女 :「文房具店」。1番目のeにアクセント記号はないが、発音は[papetri]。

11）**Il paraît que ...** : 非人称構文。「～という噂だ、～らしい」

12）**toucher** 男 : 手触り、触覚

13）**ce que...** : ～なもの

14）**peut-être** :「もしかすると」。半分程度の自信がある時に使う表現（→p.72参照）。

15）**tissu** 男 : 布

16）**à motif ...** : ～の模様の

17）**On va voir si ...** : ～かどうか見てみましょう

ニコラ ：これですか！ あの有名な渋谷の交差点は。
恵理子 ：そうです。信号は青です。さあ、いま渡りましょう！
（……）
ニコラ ：できれば、まず免税を利用して買い物をしたいのですが。
恵理子 ：承知しました。何を買いたいですか？ あそこの建物にはたくさんの店があって、たとえばキーホルダーや、マグネットや、扇子などを売っていますよ。
ニコラ ：文房具店はありますか？ 日本の伝統的な紙でできた物を何か買いたいのですが。手触りは、フランスのそれ（紙）とはちょっと違うと聞いています。
恵理子 ：日本語で和紙と呼ばれているものについて、おっしゃっていますね。
ニコラ ：もしかすると、そうです。
セリーヌ：私はね、和柄（日本の模様）の布でできたきれいで小さなポーチを買えるといいなと思っています。
恵理子 ：了解です。それらがあるかどうか、見てみましょう。

■ 2つの形容詞が並んだ場合の語順

日常よく使う短い形容詞は名詞の前、それ以外の形容詞は名詞の後ろに置きますが、名詞に前置する形容詞を２つ並べて使う場合はどうすればよいのでしょうか。

1. 名詞に前置の形容詞が２つ並んだ場合

jolie petite trousse

主観的内容を持つ形容詞（jolie）が先に、描写的・客観的内容を持つ形容詞（petite）が後にきて、その次に名詞が続くという語順になります。

un ***bon gros*** gâteau　おいしい巨大なお菓子

un ***beau grand*** éventail　大きな美しい扇子

2. 名詞に後置の形容詞が２つ並んだ場合

papier traditionnel japonais

より広い範疇を持つ形容詞が名詞に続き、その後に狭い範疇を持つ形容詞が置かれます。上の例では範疇の広い / 狭いがよくわかりませんので、次の例を見てください。

une voiture ***électrique bleue***　青い電気自動車

une table ***basse carrée***　四角いコーヒーテーブル（低いテーブル）

自動車は、色別に分けるよりも、「電気自動車 / ガソリン車 / ハイブリッド車」にまず分けるのが普通ですので、より範疇の大きなélectriqueを先に置きます。

注意：２つの形容詞の語順については、名詞と一体となる形容詞を、名詞のすぐそばに置くという考え方もあります。たとえばun grand jeune hommeでは、jeune homme（若い男）が一体となっています。voiture électrique（電気自動車）やtable basse（コーヒーテーブル）も一体となっています。

■ 所有代名詞

この課の会話のdu nôtreは、deに所有代名詞le nôtre（私たちのもの）が縮約でつながった形です。フランス語の所有代名詞には定冠詞をつけます。

	男性単数名詞	女性単数名詞	男性複数名詞	女性複数名詞
私のもの	le mien	la mienne	les miens	les miennes
君のもの	le tien	la tienne	les tiens	les tiennes
彼（女）のもの	le sien	la sienne	les siens	les siennes
私たちのもの	le nôtre	la nôtre	les nôtres	
あなた（方）のもの	le vôtre	la vôtre	les vôtres	
彼（女）たちのもの	le leur	la leur	les leurs	

À vous !

左ページを参考にして、フランス語文を完成させましょう。

1） Je vais acheter ______________________ à ma fille.
Comme ____________. Il est joli, non ?
娘に、小さくてかわいいキーホルダーを買うつもりです。私のみたいな。これ、かわいいでしょう？

2） – Je cherche des ______________________ pour rapporter en France.
– Essayez ____________ ! Ils sont délicieux.
「フランスに持って帰るのに、おいしくて小さな日本のお菓子を探しています」
「当店の（私たちのもの）をお試しください！ おいしいですよ」

3） Cette ______________________ s'appelle « furoshiki ».
Celle-ci est en ______________________.
この大きな四角い布は、「ふろしき」と呼ばれます。こちらのものは、青い化繊でできています。
＊四角い：carré　布：étoffe 女　化繊：tissu 男 synthétique

Infos à picorer

信号機の色

この課の会話で信号の色をvert（緑）と言っていました。日本では 信号の色は「赤・黄・青（緑）」と呼びますが、フランスではrouge, orange, vertとなり、中央の色はorangeと呼びます。

道の渡り方

フランスでは、広い道の途中に歩行者用の分離帯があり、« PIÉTON ATTENTION TRAVERSEZ EN 2 TEMPS »「歩行者への注意。２回に分けてわたりましょう」という掲示がある場合があります。この場合は青信号の時間が短いので、１回の青信号で渡りきれない時は、この分離帯で待つことが奨励されています。

À vous ! 解答

1) Je vais acheter <u>un joli petit porte-clés</u> à ma fille. Comme <u>le mien</u>. Il est joli, non ?
2) –Je cherche des <u>bons petits gâteaux japonais</u> pour rapporter en France.
–Essayez <u>les nôtres</u> ! Ils sont délicieux.
＊名詞の複数形（ここではgâteaux）の前に形容詞の複数形がある場合、厳密にはdesではなくdeを使うのが規則ですが、日常会話ではdesを使うのが自然です。
3) Cette <u>grande étoffe carrée</u> s'appelle « furoshiki ». Celle-ci est en <u>tissu synthétique bleu</u>.

8　渋谷にて（2）化粧品の免税

和紙の手帳とポーチを購入後、3人は化粧品売り場にやってきました。

Eriko　: Céline, est-ce que vous avez une marque[1] préférée ?

Céline　: Oui, c'est surtout[2] des produits Shiseido[3] que je voudrais acheter. Ils sont populaires en France, mais des fois[4], ils sont en rupture de stock[5].

Eriko　: Quels produits est-ce que vous voulez ?

Céline　: D'abord **du nettoyant**[6], puis **de la lotion**[6], ensuite **du lait**[6], **de la crème...**

Nicolas : Oh là là !

（しばらくして、セリーヌは望みの商品をすべて見つけました）

Céline　: Est-ce que je peux acheter ça en détaxé[7] ?

Eriko　: Oui, si je me souviens bien[8], les touristes étrangers peuvent profiter de **la détaxe *à partir de* 5 000 yens**.

Céline　: Est-ce qu'il y a un plafond[9] ?

Eriko　: Oui, je pense qu'il y a quand même[10] une certaine limite, mais je n'en suis pas sûre.

Céline　: Chéri ! Regarde tous ces produits ! J'ai hâte de[11] les utiliser. Pourquoi pas ***dès* demain** ?

Eriko　: Malheureusement, vous ne pouvez pas les utiliser ***tant que***[12] **vous êtes au Japon**. Les produits consommables comme les aliments ou les cosmétiques seront scellés[13] d'une manière spéciale avec du scotch[14].

Pour vous aider

1） **marque** 女 :「ブランド」。高級ブランドはgrande marque。

2） **surtout** :「特に、とりわけ」。よくある間違いが、**spécialement**「特別に」との混同なので注意。この誤りは、おそらく英語の**especially**「特に」という語からの影響だと思われる。

3） **produits** 男 **Shiseido** : 製品に生産会社の名前をつづける時は、両者の間に**de**は入れない。×produits de Shiseido。同じくvoiture Renault「ルノーの自動車」、jupe Chanel「シャネルのスカート」など。

4） **des fois** : ときには

5） **en rupture de stock** : 在庫が切れている

6） **nettoyant** 男 : クレンジング剤（démaquillant 男 とも言う）
lotion 女 : 化粧水　　**lait** 男 :乳液

7） **en détaxé** : 免税で

8） **si je me souviens bien** : もし私の記憶が正しければ

9） **plafond** 男 : 上限、天井

10） **quand même** : それでもやはり

11） **avoir hâte de + 不定詞** : 早く～したい

12） **tant que ...** : ～するかぎり

13） **seront scellés** : sceller（封をする）の受動態単純未来形

14） **scotch** 男 : 粘着テープ

恵理子 ：セリーヌさん、お気に入りのブランドはありますか？
セリーヌ：ええ、特に資生堂の商品を買いたいのです。フランスで人気なのですが、ときには在庫切れのことがあるんですよ。
恵理子 ：どの製品をご希望ですか？
セリーヌ：まずクレンジング剤、次に化粧水、それから乳液、クリームと…。
ニコラ ：おやおや！
（……）
セリーヌ：これを免税で買うことができますか？
恵理子 ：ええ、私の記憶が正しければ、外国からの観光客は5000円から免税を利用することができますよ。
セリーヌ：上限はあるのですか？
恵理子 ：ええ、それなりに何らかの限度があると思いますが、確かではありません。
セリーヌ：あなた！ この製品全部を見て！ 早く使いたいわ、明日からすぐでもいいわね。
恵理子 ：残念ながら、日本にいらっしゃる限り、それらを使うことはできません。食料品や化粧品などのように消費できる製品は、テープを使って特別な包装がされてしまうのです。

■ queの節を用いた「時の表現」

この課の会話にtant que vous êtes au Japon「日本にいる限りは」という文が出てきました。queの節を用いた「時の表現」は、他にもあります。

dès que ... / aussitôt que ...「～するとすぐに」

Dès qu'il voit un écriteau « détaxe », il entre dans le magasin.
「免税」の貼り紙を見ると、彼はすぐにその店に入ります。

chaque fois que ... / toutes les fois que ...「～するたびに」

Chaque fois qu'il vient au Japon, il achète toujours des produits Sony.
日本に来るたびに、彼はいつでもソニーの製品を買います。

à mesure que ... / au fur et à mesure que ...「～するにつれて」

À mesure que vous utilisez cette crème, votre peau devient très douce.
このクリームを使うにつれて、あなたのお肌はとても滑らかになります。

tant que... / aussi longtemps que ...「～する限り」

Vous ne pouvez pas les utiliser ***aussi longtemps que*** vous êtes au Japon.
日本にいる限り、それらを使うことはできません。

depuis que ...「～して以降」

Depuis qu'elle est arrivée au Japon, elle n'arrête pas d'acheter des produits de beauté.　日本に到着して以降、彼女はお化粧品を買い続けています。

■ 出発点を示す表現

à partir de（～から）とdès（～からすぐに）はどちらも出発点を示す表現ですが、dèsには「すぐに」という緊急のニュアンスがあります。

Vous pouvez profiter de la détaxe ***à partir de*** 5000 yens.
5000円から免税が利用できます。

Vous pouvez profiter du cashback ***dès*** 1000 yens d'achat.
たった1000円の購入から、キャッシュバックの特典が得られます。

■ 数量表現

この課の会話では、化粧品に***du*** nettoyantのように部分冠詞がついていました。化粧品には、その容器を用いた数量表現もあります。deのあとには、無冠詞で名詞を続けます。

un flacon de ...　：1瓶の～（flaconは化粧水が入っているような小さめの瓶）
un pot de ...　：1瓶の～（potは化粧クリームが入っているような背の低い瓶）
un tube de ...　：1本のチューブの～
une goutte de ...　：1滴の～

un flacon de lotion　1瓶の化粧水　　***un pot de*** crème　1瓶のクリーム
un tube de nettoyant　1本の化粧落とし　　***une goutte de*** lait de beauté　1滴の乳液

À vous !

左ページを参考にして、フランス語文を完成させましょう。

1） Je vais ouvrir ce ________ de crème ________________ je rentre chez moi en France.

フランスの自宅に帰ったら、すぐにこのクリームの瓶を開けるわ。

2） Faites faire une carte de fidélité ! Avec cette carte, ____________________ vous achetez quelque chose, vous gagnez des points, et ce, __________ aujourd'hui.

ポイントカードを作ってもらいましょう！ このカードがあれば、何かをお買いになるたびに、ポイントがつきます。しかも、それが今日からすぐにです。

3） Juste quelques ___________ suffisent ! _________________________ vous appliquerez cette lotion sur votre visage, vous allez rajeunir.

ほんの数滴で十分です！ お顔にこのローションを塗るにつれて、若返ります。

4） ____________________ il lui a offert un ____________ de parfum comme cadeau, sa femme est de très bonne humeur.

彼がひと瓶の香水をプレゼントとして贈って以降、彼の奥さんはとても機嫌がいいです。

Infos à picorer

パートナーの呼び方

この課の会話で、セリーヌがニコラを « Chéri ! » と呼んでいました。パートナーの呼び方についての2019年の調査によると、Mon Cœur（39 %）、Mon Amour（32 %）、Mon Bébé（11 %）, Mon Chaton（9 %）、Mon Doudou（8 %）の順番で、Mon Lapin, Mon canardは1 %以下でした。Mon Amourは18～24歳（45 %）の年代層が多く、55歳以上（26 %）は少なかったそうです。Mon Cœurに関しては、女性（45 %）のほうが、男性（33 %）より使用者が多いという結果でした。

À vous ! 解答

1) Je vais ouvrir ce <u>pot</u> de crème <u>dès que [aussitôt que]</u> je rentre chez moi en France. ＊ je rentre はje rentrerai, je serai rentréeも可。

2) Faites faire une carte de fidélité ! Avec cette carte, <u>chaque fois que [toutes les fois que]</u> vous achetez quelque chose, vous gagnez des points, et ce, <u>dès</u> aujourd'hui. ＊ Faitesは Faites-vousも可。

3) Juste quelques <u>gouttes</u> suffisent ! <u>À mesure que [au fur et à mesure que]</u> vous appliquerez cette lotion sur votre visage, vous allez rajeunir.

4) <u>Depuis qu'</u>il lui a offert un <u>flacon</u> de parfum comme cadeau, sa femme est de très bonne humeur.

9 渋谷にて（3）100円ショップ

化粧品の買い物の次は、100円ショップです。

Nicolas : C'est incroyable ! Ici, tout est à[1] seulement 100 yens ? 09

Céline : 100 yens, ça fait combien en euros[2]?

Eriko : Avec le taux de change[3] d'aujourd'hui, un euro, ça fait[4] 120 yens. Donc 100 yens, ça fait... Attendez, je fais le calcul[5] sur mon portable. Ah, ça fait environ[6] 83 centimes[7].

Nicolas : On ne paie vraiment que 100 yens ?

Eriko : C'est ça. Bien sûr, il faut ajouter la taxe de 10 %, comme la TVA[8] en France. Et puis, il n'y en a pas beaucoup, mais il y a aussi des marchandises[9] qui coûtent plus de 100 yens.

Nicolas : Comment est-ce qu'on peut les[10] distinguer ?

Eriko : Si le produit n'est pas à 100 yens, le prix est indiqué sur son étiquette[11].

Nicolas : Je les[12] trouve très sympa, ces magasins à 100 yens. ***Si seulement on*** ***avait***[13] **la même chose en France** !

Céline : Ce que j'aimerais bien[14] avoir en France, c'est surtout des magasins ouverts 24 heures sur 24[15].

Nicolas : Tout à fait[16] d'accord.

Pour vous aider

1） **être à + 価格** : êtreのあとに価格を続ける時は、前置詞**à**が必要。

2） **en euros** :「ユーロで」。〈en + 通貨〉

3） **taux** 男 **de change** :「為替レート」。taux（率）は単数形が-xで終わる。

4） **ça fait + 数** :（計算すると）～になる

5） **faire le calcul** : 計算する

6） **environ + 数** :「約～」。Ça fait *environ* 83 centimes. / Ça fait 83 centimes *environ*. のように、environは数値の前後どちらにでもつけられる。

7） **centime** : サンチーム（→p.45参照）

8） **TVA** 女 : 付加価値税

9） **marchandise** 女 : 商品

10） **les** : 100円の商品と、100円を超える商品の両方を指すこともできるが、ここでは文脈から100円を超える商品を指していると解釈するのが普通。もし両方を指す場合は、Comment est-ce qu'on peut distinguer les deux ?のほうが自然。

11） **étiquette** 女 : ラベル

12） **les** : ces magasins à 100 yensを先取りして代名詞で表している

13） **Si seulement on avait ...** :「～があったらとてもいいのに」。〈si + 半過去〉は「～ならばいいのに」という願望を表す（→p.44参照）。この表現がseulementで強調されている。

14） **j'aimerais bien** : 願望を婉曲に言う表現

15） **ouvert(e) 24 heures sur 24** : 24時間営業

16） **tout à fait** : 全面的に

ニコラ ：信じられない！ ここでは、すべてがたったの100円なのですね？
セリーヌ：100円は、ユーロだといくらになるのかしら？
恵理子 ：今日の為替レートだと、1ユーロが120円になります。ですから100円は…。お待ちください、私のスマホで計算します。ああ、約83サンチームになります。
ニコラ ：本当に100円しか払わないのですか？
恵理子 ：そうです。もちろん、フランスの付加価値税のように、（日本でも）10%の税金は加えますよ。それから、数は多くはありませんが、100円を超える価格の商品もあります。
ニコラ ：どうやってそれらを区別できるのですか？
恵理子 ：100円でない製品は、価格がラベルに表示されています。
ニコラ ：こういう100円ショップって、とてもいいですね。フランスにも同じものがあれば、いいのになあ。
セリーヌ：私が特にフランスにほしいと思っているのは、24時間営業のお店よ。
ニコラ ：全く同感だな。

■ 半過去の用法

半過去は、初級文法において、次の2つの用法を学習します。

① 過去の状態や習慣、継続していた動作などを表す。

② 条件法現在形と組み合わせて、「もし～ならば、～するのに」の下線部分に用いる。

ここでは上記以外の用法を学習しましょう。

1. 願望を述べる

〈 Si + 半過去 ! 〉で、「～ならばいいのに！」という願望を表します。

Si seulement on ***avait*** la même chose en France !

フランスにも同じものがあれば、とてもいいのになあ！

2. 提案する

〈 Si + 半過去 ? 〉で、「～しましょうか？」という提案を表します。

Si on a***chetait*** ce produit à 100 yens ?

この100円の製品を買いましょうか？

3. 起こり得る可能性について問いかける

〈 (Et) si + 半過去 ? 〉で、「もし～だったら、どうする？」という問いかけになります。

Et si ce produit ***coûtait*** 500 yens ?

もしこの製品が500円だったらどうしますか？（買いますか？）

4. 丁寧に頼む

vouloirなどの願望を表す動詞や、venirを半過去にすることによって、控えめな態度でものを頼むことができます。

Je ***venais*** vous demander de m'emmener dans un de ces magasins à 100 yens.

どこかの100円ショップに連れて行っていただきたいと思って来たのですが。

現在形のJe viens ... で文を始めると、「～しに来ました」という単刀直入な言い方になります。

Si vous avez le temps, je ***voulais*** voir un peu ces fameux magasins à 100 yens.

もしあなたにそのお時間があれば、例の有名な100円ショップを、ちょっと見てみたいと思っているのですが。

直接法現在形のJe veux ... で文を始めると、かなり直接的な表現になります。直説法半過去形je voulais ... または条件法現在形je voudrais ... にすると、控えめな表現になります。

À vous !

左ページを参考にして、フランス語文を完成させましょう。

1）Cette petite assiette à 500 yens me paraît trop chère. Si seulement ______________ trouver la même chose dans un ___________________ !

この500円の小皿は高すぎるように見えます。100円ショップで同じものが見つけられたら、とてもいいのに。

2）Maintenant, l'euro est faible par rapport au yen. _________________ un peu plus cher !　今、円に対してユーロは弱いです。ユーロがもう少し高ければいいのに！

3）Tiens ! Je vois un ________________________ là-bas. ________________ y faire des achats ?

おや！ あそこに100円ショップが見える。あそこへ買い物に行こうか？

4）– Je suis désolé. _____________________ vous dire que je ne peux pas vous accompagner demain.

– Pas de problème pour nous.

「申し訳ありません。明日ご一緒できないことを申し上げるために来たのですが」
「私たちならば大丈夫ですよ」

Infos à picorer

サンチーム

ヨーロッパで使われている通貨euroは、1ユーロが100セント（英語表記で100 cents）です。本来は「centセント（またはユーロセント）」と呼ぶべきですが、フランスでは「centimeサンチーム」と呼んでいます。centimeは政府の官報にも載っている正式名称です。centimeは、ユーロ導入以前にフランスで使われていた通貨で、当時は100 centimes = 1 franc（フラン）でした。centではなくcentimeと呼ぶのは、「100（cent）」という数字との混同を防ぐためと言われています。

À vous ! 解答

1) Cette petite assiette à 500 yens me paraît trop chère. Si seulement <u>on pouvait</u> trouver la même chose dans un <u>magasin à 100 yens</u> !

2) Maintenant, l'euro est faible par rapport au yen. <u>S'il était</u> un peu plus cher !
＊ euroはl'euroだが、yenは定冠詞leとのエリジョンはおこさないので、à + le yenで縮約がおきてau yenとなる。

3) Tiens ! Je vois un <u>magasin à 100 yens</u> là-bas. <u>Si on allait</u> y faire des achats ?

4) Je suis désolé. <u>Je venais</u> vous dire que je ne peux pas vous accompagner demain. – Pas de problème pour nous.

10 浅草にて（1）雷門

今日は浅草観光です。3人は雷門の前にいます。ニコラが人力車に目を留めました。

Nicolas : Oh, il y a des pousse-pousse[1] ici !

Eriko : Vous voulez essayer ?

Nicolas : Peut-être pas maintenant. Plus tard, si on a le temps[2].

Eriko : C'est comme vous voulez.

（雷門を見ながら）

Nicolas : Elle est grande cette lanterne[3] rouge. **Vous pouvez me dire *ce qui* est écrit dessus**[4] ?

Eriko : C'est écrit «Kaminari-mon». C'est le nom de ce portique[5] d'entrée.

Nicolas : Je vois. Mais il y a du monde[6] ! Et tout le monde essaie de faire un selfie[7] devant le portique.

Eriko : Derrière ce portique, il y a une longue ruelle[8] qui mène[9] jusqu'au temple. Cette ruelle est très animée[10] parce qu'il y a des magasins de souvenirs des deux côtés[11].

Nicolas : Ah bon, je ne la[12] vois pas. Il y a tellement de monde.

Eriko : Si vous voulez éviter la cohue[13], on peut passer par[14] une de ces deux autres ruelles qui sont parallèles[15] à la principale[16].

Nicolas : Oh, pas de problème pour nous. On aime bien les petites rues animées.

Pour vous aider

1） pousse-pousse 男 不変 : 人力車
2） avoir le temps :「その時間がある」。tempsに定冠詞がついて、「その時間」という特定の時間（ここでは人力車に乗る時間）を指す。
3） lanterne 女 : ちょうちん、手提げランプ
4） dessus : 副詞。「上に」
5） portique 男 : 地面に垂直に立てた２本の柱に横木を渡したもの。ここでは「山門」を指す。
6） du monde :「人々」の意味で使うmonde 男 は不可算名詞なので、不特定の人々を表す時は部分冠詞がつく。
7） selfie 男 : 自撮り
8） ruelle 女 : 路地
9） mener à ... :「〜へ通じる」。ここではàのかわりにjusqu'àが使われている。
10） animé : にぎやかな
11） des deux côtés :〈前置詞de + les deux côtés〉。「両側に」
12） la : longue ruelleを指す代名詞。
13） cohue 女 : 混雑
14） passer par ... : 〜を通っていく
15） parallèle : 並行した、平行な
16） la principale : la ruelle principaleの名詞部分ruelleが省略された形。

ニコラ ：あっ、ここには人力車があるんですね！
恵理子 ：乗ってみますか？
ニコラ ：今じゃないほうがいいかな。もしその時間があれば、またあとにします。
恵理子 ：どうぞよろしいようになさってください。
（……）
ニコラ ：あの赤いちょうちんは大きいですね。上に何と書かれているのかを教えてくださいますか？
恵理子 ：「雷門」と書いてあります。この入り口の門の名前です。
ニコラ ：そうですか。それにしても、たくさんの人ですね！ そしてみんなが、門の前で自撮りをしようとしている。
恵理子 ：この門のうしろには、長い路地があって、お寺へと続いています。この路地はとても賑やかです。両側に土産物店があるからです。
ニコラ ：そうなんですか、私には路地は見えません。あまりにもたくさんの人がいて。
恵理子 ：もし混雑を避けたければ、この中央の路地と並行している２本の別の路地があるので、そのうちの１つを通っていくこともできますよ。
ニコラ ：いえ、私たちは平気です。賑やかな細い道が好きですから。

■「～なもの」「～なこと」を伝える表現

1. ce qui, ce que, ce dont

「これ / それ / あれ」という意味の代名詞ceのあとに、関係代名詞qui, que, dontを続けると、「～なもの」「～なこと」という表現を作ることができます。ただし、関係代名詞oùは、ceのあとに続けることはできません。

① ce qui ...（qui = 主語）

Vous pouvez me dire ***ce qui*** est écrit dessus ?

上に書かれていることを、私に教えてくださいますか？　＊qui = 動詞est écritの主語

② ce que ... (que = 直接目的補語)

Je ne sais pas ***ce qu'***il veut faire à Asakusa.

彼が浅草で何をしたいのかは、私にはわかりません。　＊que = 動詞faireの直接目的補語

③ ce dont ...（dont = de ...）

Ce dont les gens du quartier sont fiers, c'est la tour « Sky Tree ».

この界隈の人たちが誇りに思っているもの、それは「スカイツリー」というタワーです。

＊dont = fier de...のde...の部分

2. ce + 前置詞 + quoi

〈 ce + 前置詞 + quoi 〉という表現もあります。この表現で使える前置詞には以下のものがあります。

① ce à quoi

Je vais vous dire ***ce à quoi*** je pense.

私が何のことを考えているのかを、これからお話しします。

② ce avec quoi

Ce avec quoi je suis d'accord, c'est que les Japonais aiment faire la queue devant des bistro(t)s célèbres.

私が同意するのは、日本人が有名な食堂の前に行列を作るのが好きだということです。

③ ce en quoi

Je vous explique ***ce en quoi*** les biens culturels du quartier d'Asakusa consistent.

浅草界隈の文化財が何によって構成されているのかを、説明いたします。

④ ce pour quoi

Je fais seulement mon travail. C'est ***ce pour quoi*** je suis payé.

私は自分の仕事をしているだけです。そのためにお金の支払いを受けています。

À vous !

左ページを参考にして、フランス語文を完成させましょう。

1) Faire la queue, ______________ je n'aime pas.
列を作る、これが私が嫌いなことです。

2) Les incendies, ______________ les habitants de la ville d'Edo avaient peur autrefois.
火事、これが昔の江戸の住民たちが恐れていたものです。

3) Voici la carte. Vous pouvez choisir ______________ vous plaît.
ほら、これがメニューです。お気に召すものを選んでください。

4) Je vais vous expliquer ______________ ce nouveau système sert.
これからみなさんに、この新しいシステムが何の役に立つのかを説明します。

5) La plupart des touristes ne savent pas ______________ l'enceinte du sanctuaire d'Asakusa consiste. En fait, il y a plusieurs temples là-dedans.
浅草の境内（浅草の聖域の構内）が何によって構成されているのかを、大部分の観光客が知りません。実際には、いくつもの寺社仏閣が、その中に存在しているのです。

Infos à picorer

宗教施設の呼称

カトリックについては、その教会全般は**église** 女、司教**évêque** 男 がいる場合は**cathédrale** 女、教皇から特権を与えられたものは**basilique** 女 という呼称を使います。プロテスタントの教会は、一般的に**temple**と呼ばれます。ユダヤ教の教会は**synagogue** 女、イスラム教は**mosquée** 女、神道や仏教を含むそれ以外の宗教のものは**temple** 男 と呼びます。たとえば現在、大司教**archevêque** 男 がいる**Notre-Dame de Paris**は**cathédrale**です。

À vous ! 解答

1) Faire la queue, c'est ce que je n'aime pas.
2) Les incendies, c'est ce dont les habitants de la ville d'Edo avaient peur autrefois.　＊ avoir peur de... :〜を恐れる
3) Voici la carte. Vous pouvez choisir ce qui vous plaît.
4) Je vais vous expliquer ce à quoi ce nouveau système sert.
5) La plupart des touristes ne savent pas ce en quoi l'enceinte du sanctuaire d'Asakusa consiste. En fait, il y a plusieurs temples là-dedans.

11 浅草にて（2）浅草寺参拝

浅草寺の前へ到着しました。お参りの作法を、恵理子が教えています。

Eriko : C'est un temple bouddhique[1), alors il faut faire la prière[2) à la manière[3) bouddhiste[4).

Nicolas : D'accord.

Eriko : D'abord, vous mettez votre offrande[5) dans la boîte qui est devant le sanctuaire[6).

Nicolas : Normalement, vous y mettez combien ?

Eriko : ***N'importe quelle***[7) **somme**[8). Après, vous joignez[9) les mains et vous priez[10). Quand vous avez fini de prier, vous vous inclinez[11) pour terminer le rituel[12).

（浅草寺の本堂から立ち去る前に）

Nicolas : Eriko, j'ai une question, s'il vous plaît. C'est peut-être une question un peu sensible[13).

Eriko : Oui, allez-y.

Nicolas : Dans le jardin et aussi sur les bâtiments, j'ai remarqué le symbole de la croix gammée[14).

Eriko : Oui, je vois ce que vous voulez dire[15). Mais si vous les[16) regardez bien, les croix ici sont à l'inverse du[17) symbole qui était utilisé dans l'Allemagne nazie[18).

Nicolas : Oh, c'est vrai.

Eriko : La croix que vous trouvez ici est un des symboles très souvent utilisés dans le bouddhisme[19). Si je ne me trompe pas, elle signifie le bonheur.

Pour vous aider

1) **bouddhique** : 仏教の
2) **prière** 女 : お祈り
3) **à la manière ...** : ～のやり方で
4) **bouddhiste** : 仏教の
5) **offrande** 女 : 神への奉納物。ここでは「お賽銭」。
6) **sanctuaire** 男 : 教会の聖域。ここでは「本堂」。
7) **n'importe quel + 名詞** : 「どの～でも」。quel は名詞に合わせて一致（→p.52参照）。
8) **somme** 女 : 金額
9) **joindre** : 合わせる
10) **prier** : 祈る
11) **s'incliner** : おじぎをする、身をかがめる
12) **rituel** 男 : (儀式などの) 慣習、きまり
13) **sensible** : 問題をおこしそうな
14) **croix** 女 **gammée** : 鉤十字
15) **ce que vous voulez dire** : あなたが言いたいこと
16) **les** : 庭や建物についている鉤十字を指す代名詞
17) **à l'inverse de ...** : ～の逆の
18) **Allemagne** 女 **nazie** : 「ナチスドイツ」。nazi(e) は形容詞。
19) **bouddhisme** 男 : 仏教

恵理子 ：ここは仏教のお寺ですから、仏教のやり方でお祈りをする必要があります。
ニコラ ：わかりました。
恵理子 ：まず、お賽銭を、本堂の前にある箱に入れます。
ニコラ ：通常だと、いくら入れるのでしょうか？
恵理子 ：いくらでも構いませんよ。次に両手を合わせて、お祈りします。お祈りが終わったら、おじぎをして、(お祈りの) 儀式を終了します。
(……)
ニコラ ：恵理子さん、質問があります。もしかすると、(問題を引き起こすような) 微妙な質問かもしれません。
恵理 ：はい、(質問を) どうぞ。
ニコラ ：庭や建物に、鉤十字の記号があることに気がついたのですが。
恵理子 ：はい、おっしゃりたいことは、わかっています。でもよく見ていただくと、ここの十字は、ナチスドイツで使われていた記号とは逆になっていますよね。
ニコラ ：あ、本当だ。
恵理子 ：ここで見られる十字は、仏教でとてもよく使われる記号のうちのひとつです。もし私が間違っていなければ、あれは幸福を意味しています。

■〈n'importe + 疑問詞〉の表現

n'importeのあとに疑問詞を続けると、「何でも」「誰でも」のような表現を作ることができます。

1. n'importe quoi「何でも」

Je voudrais prier correctement. Je ne veux pas faire ***n'importe quoi***.

私は正しくお祈りがしたいと思います。めちゃくちゃはやりたくありません。

2. n'importe qui「誰でも」

N'importe qui peut entrer dans une église en France.

フランスでは、だれでも教会に入ることができます。

3. n'importe quand「いつでも」

Je peux vous faire visiter Asakusa ***n'importe quand***.

いつでも、浅草をご案内することができます。

4. n'importe où「どこでも」

Je peux aller ***n'importe où*** pour manger de bons sushis.

おいしいお寿司を食べるためならば、どこへでも行きますよ。

5. n'importe comment「どんなふうにでも」

Il fait sa prière ***n'importe comment***.

彼のお祈りのやり方はめちゃくちゃだ。

6. n'importe quel + 名詞「どの〜でも」

– Normalement, vous y mettez combien ?　– ***N'importe quelle*** somme.

「通常だと、そこへいくら入れるのですか？」「どの額でもかまいません（額はいくらでもかまいません）」

疑問詞quelは、うしろに続く名詞の性数に合わせてquel / quelle / quels / quellesのように変化します。

7. n'importe lequel「どれでも」

– On prend quel pousse-pousse ?　– ***N'importe lequel***.

「どの人力車に乗りますか？」「どれでもいいですよ」

疑問詞は、それが指す名詞（上の例では男性単数のpousse-pousse）に合わせてlequel / laquelle / lesquels / lesquellesのように変化します。

疑問詞pourquoiとcombienは、n'importeに続けることはしません。「どのような理由でも」と言いたい時は、疑問詞quelを使ってn'importe quelle raisonと言いましょう。

Elle essaie de venir ici pour ***n'importe quelle raison***.

彼女は、何かと理由をつけてはここにやって来る。

「いくつでもかまわない」と言いたい時は、« Peu importe le nombre. » « Peu importe combien. » などと言いましょう。

À vous !

左ページを参考にして、フランス語文を完成させましょう。

1） – Où est-ce que je mets ces encens, une fois que je les ai allumés ?
– Si c'est dans l'encensoir, ＿＿＿＿＿＿＿＿＿＿＿＿＿ .

「火をつけたら、そのお線香はどこに置けばよいのですか？」
「香炉の中であればどこでもいいですよ」

2） – Quelles maladies est-ce que la fumée peut guérir ?
– ＿＿＿＿＿＿＿＿＿＿＿＿＿＿＿＿＿＿＿＿ .
– ＿＿＿＿＿＿＿＿＿＿＿＿＿＿ ? Vraiment ?

「煙が治せるのはどの病気ですか？」「どんな病気でも」「どれでも？ 本当に？」

3） – Qu'est-ce que je vais acheter pour ton père ?
– ＿＿＿＿＿＿＿＿＿＿＿＿ pourvu que ce soit quelque chose à manger.

「あなたのお父さんに何を買おうかしら？」
「何か食べるものならば、なんでもいいよ」

4） – J'achète un kimono pour ta mère ?
– Ça va être amusant parce qu'elle va le porter ＿＿＿＿＿＿＿＿＿＿＿ .

「君のお母さんに着物を買おうかな？」
「面白いことになるわよ、だってめちゃめちゃなやり方で着るでしょうから」

Infos à picorer

ナチスドイツについて

ナチスに関して、フランスの人たちは敏感です。たとえば日本の学校で「はいっ！」と言いながら手を高くあげることは普通の行為ですが、フランスで « **Oui !** » といいながら同じ動作をすると、周囲から注意を受けることがあります。ナチスが使っていた敬礼と同じ動作だからです。また日本には、ナチスを連想させるアクセサリーなどがたまにありますが、これははずしてフランスに行くほうがよいでしょう。

À vous ! 解答

1) – Où est-ce que je mets ces encens, une fois que je les ai allumés ?
– Si c'est dans l'encensoir, n'importe où .

2) – Quelles maladies est-ce que la fumée peut guérir ?
– N'importe quelles maladies. – N'importe lesquelles ? Vraiment?

3) – Qu'est-ce que je vais acheter pour ton père ?
– N'importe quoi pourvu que ce soit quelque chose à manger.

4) – J'achète un kimono pour ta mère ?
– Ça va être amusant parce qu'elle va le porter n'importe comment.

12 浅草にて（3）和服体験

和服を着てみたいというセリーヌの要望に答えて、着物レンタルショップに来ました。

Céline : Waouh ! Ici, il y a des kimonos de toutes les couleurs ! Je ne sais pas quelle couleur choisir...

Eriko : Et en plus du kimono, vous devez aussi choisir une ceinture[1]. La combinaison des deux couleurs est très importante. Par exemple, si vous mettez une ceinture rose avec un kimono bleu foncé[2], c'est très vif[3]. Par contre, une ceinture jaune citron avec un kimono bleu foncé, ça fait très chic[4].

Céline : Oh, s'il vous plaît, ne me demandez pas l'impossible[5] ! Je n'arrive pas à[6] me décider[7].

Nicolas : Eriko, **vous *savez* habiller[8] quelqu'un en kimono** ?

Eriko : Non, je suis nulle[9]. C'est l'employée du magasin qui va mettre[10] son kimono à Céline.

Céline : Et les cheveux ? **J'aimerais bien *me faire*[11] coiffer[12]** et mettre un de ces jolis ornements[13] de fleur.

Eriko : Je crois qu'il y a un coiffeur[14] dans ce magasin qui va le[15] faire pour vous.

Nicolas : Et moi, je vais porter ton sac à dos[16] en plus du mien et te suivre[17] comme ton serviteur[18] ?

Eriko : Ne vous inquiétez pas, Nicolas. Il y a une consigne[19] ici.

Nicolas : Heureusement !

Pour vous aider

1) **ceinture** 女 : 帯、ベルト
2) **bleu foncé** : 「濃い青」。性数の変化なし。
3) **vif, vive** : 鮮やかな
4) **chic** : 「シックな、しゃれた」。男女同形。
5) **ne me demandez pas l'impossible.** : 私に無理なことを頼まないでください
6) **arriver à + 不定詞** : うまく〜することができる
7) **se décider** : (迷ったあとに) 心を決める
8) **habiller + 人** : 〜に服を着せる
9) **nul, nulle** : 無能な
10) **mettre** : 着せる
11) **se faire + 不定詞** : 〜してもらう (→p.56参照)
12) **coiffer** : 髪をととのえる
13) **ornement** 男 : 飾り
14) **coiffeur, coiffeuse** : 美容師
15) **le** : それ (髪を結って、飾りをつけること)
16) **sac** 男 **à dos** : リュック
17) **suivre ...** : 〜のあとをついて行く
18) **serviteur** 男 : 「仕える者」。男性形のみ。
19) **consigne** 女 : 手荷物預かり所

セリーヌ：わぁ！ここには、いろいろな色の着物があるのですね。どの色を選んだらよいのかわかりません。
恵理子：着物のほかに、帯も選ばなくてはなりません。この２つの色のコンビネーションは、とても重要です。たとえば、もし濃い青の着物にピンクの帯を締めたら、鮮やかになります。一方で、濃い青の着物とレモンイエローの帯だと、とてもシックになります。
セリーヌ：ああ、お願いですから、無理を言わないでください。私には決めることができません。
ニコラ：恵理子さんは、人に着物を着つけることができるのですか？
恵理子：いえ、私はまったくだめです。お店の人が、セリーヌさんに着物を着つけてくれます。
セリーヌ：それで髪の毛は？ 髪を結って、あのきれいな花の飾りをどれかつけてもらいたいのです。
恵理子：この店には美容師さんがいて、それをやってくれると思います。
ニコラ：それで私はどうなるのかな？ 自分のリュックのほかに、君のリュックもしょって、まるで君の召使みたいにあとをついて行くのかな？
恵理子：大丈夫ですよ。ここには手荷物預かり所がありますから。
ニコラ：幸いなことにね！

savoir と pouvoir

「～できる」と言いたい時は、〈savoir + 不定詞〉と〈pouvoir + 不定詞〉を使い分ける必要があります。どちらも日本語では「～できる」となりますが、savoirとpouvoirには次の違いがあります。

1. savoir + 不定詞

生まれつき、または訓練によって獲得した能力を指します。この課の会話には次の例文がありました。

Je ne ***sais*** pas quelle couleur choisir...
どの色を選んだらよいかを判断する能力が私にはありません…。

Vous ***savez*** habiller quelqu'un en kimono ?
誰かに着物を着つける技術が、あなたにはありますか？

2. pouvoir + 不定詞

その人の能力ではなく、その時の状況が実現を可能にするかどうかを表します。

Je n'ai pas de lunettes maintenant. Comme je vois mal, je ne ***peux*** pas choisir.
今、眼鏡を持っていません。よく見えないので、選ぶことができません（眼鏡さえあれば、選ぶ能力はある）。

Je me suis cassé le bras. Je ne ***peux*** pas vous habiller en kimono demain.
腕を骨折してしまいました。明日、あなたに着物を着つけることができません（骨折さえしていなければ、着つける能力はある）。

〈se faire + 不定詞〉の表現

代名動詞se faireに不定詞を続けると、「～してもらう」「～されてしまう」という意味になります。

Elle ***s'est fait*** couper les cheveux chez son coiffeur.
彼女は美容院で、髪を切ってもらいました。

En se trompant de bouton, elle ***s'est fait*** arroser par l'eau.
ボタンを間違えて、彼女は自分に水をかけてしまいました。

上の例文は２つとも複合過去形ですが、過去分詞faitの性数一致がないことに注目してください。se faireが複合過去形になり、そのあとにすぐ不定詞が続く場合には、faitは性数一致はしません。

À vous !

左ページを参考にして、フランス語文を完成させましょう。

1） Céline ______________ en kimono à Asakusa.

セリーヌは浅草で着物を着つけてもらいました。

2） Eriko ______________ quelqu'un en kimono.

恵理子は誰かに着物を着つけることはできません。

3） En kimono, Céline ______________ très vite parce que le bas du kimono est serré.

着物を着たら、セリーヌはあまり速くは歩けないでしょう。着物の裾が締め付けられているからです。

4） Si la ceinture est trop serrée, on ______________ bien respirer.

もし帯の締め方がきつすぎたら、ちゃんと呼吸はできません。

5） Je suis désolée, je ______________ en kimono aujourd'hui. J'ai déjà cinq clientes, alors je n'ai plus le temps.

申し訳ありません。今日はあなたに着物を着つけることはできません。すでにお客様が5人いらして、時間がないのです。

Infos à picorer

色を使った表現

être vert de rage「激高する」、donner le feu vert「開始を許可する」、être rouge de honte「恥じる」、avoir une peur bleue「強い恐怖を感じる」、la vie en rose「ばら色の人生」などは単語を見ると意味がわかりますが、次の表現の意味がわかりますか？（答えはページ下）

1）avoir la main verte　2）être dans le rouge　3）rire jaune
4）l'or noir　5）travailler au noir
6）faire quelque chose de but en blanc

À vous ! 解答

1) Céline <u>s'est fait habiller</u> en kimono à Asakusa.
2) Eriko <u>ne sait pas habiller</u> quelqu'un en kimono.
3) En kimono, Céline <u>ne pourra pas marcher</u> très vite parce que le bas du kimono est serré.
4) Si la ceinture est vraiment trop serrée, on <u>ne peut pas</u> bien respirer.
5) Je suis désolée, je <u>ne peux pas vous habiller</u> en kimono aujourd'hui. J'ai déjà cinq clientes, alors je n'ai plus le temps.

色を使った表現の解答：1）庭仕事が上手だ　2）経済的に困窮している　3）無理やり笑う　4）石油　5）不法に働く　6）何も準備せずに何かを行う

13 浅草にて（4）食品サンプル作り体験

和服での散歩を終えて、3人は食品サンプルの店に入りました。

Céline : Regarde ! On dirait[1] un vrai sushi !

Eriko : Vous avez sans doute déjà remarqué tous ces aliments en plastique[2] dans les vitrines[3] devant les restaurants.

Nicolas : Oui, je trouve ce système des aliments en plastique très pratique parce qu'on comprend tout de suite ce qu'on[4] va manger.

Eriko : Si vous voulez, il y a un endroit où **on peut fabriquer ces aliments *soi-même*[5]**.

Nicolas : Oh, j'ai bien envie d'y aller. Pas toi, Céline ?

Céline : ***Si*** [6] ! Je veux bien y aller moi aussi.

（係りの人の日本語による指示を、恵理子が通訳しています）

Eriko : On va fabriquer un tempura de crevette[7]. Comme on va mettre les mains dans l'eau de la bassine[8] qui est devant nous, vous pouvez retrousser[9] vos manches[10], s'il vous plaît ?

Nicolas : D'accord. Est-ce que l'eau est chaude ?

Eriko : Non, elle est tiède[11]. Alors, vous versez d'abord de la cire[12] jaune clair[13] dans l'eau. Elle va devenir la pâte[14] autour de la crevette.

Nicolas : Comme ça ?

Eriko : Oui, c'est parfait. Ensuite, vous mettez la crevette sur la pâte. Puis, enlevez le tout de[15] l'eau et enrobez[16] la crevette avec la pâte.

Nicolas :（でき上がった自分の天ぷらを見せながら）Voilà !

Pour vous aider

1）**On dirait ...** : まるで～のようだ
2）**plastique** 男 : プラスチック、合成樹脂
3）**vitrine** 女 : ショーウィンドウ、陳列ケース
4）**ce que ...** : ～するもの
5）**soi-même** : 自分自身で（→p.60参照）
6）**Si** : Pas toi ? と否定形できかれたので、**oui** ではなく **si** で答えている（→p.60参照）
7）**crevette** 女 : 小えび
8）**bassine** 女 : 広く深い容器
9）**retrousser** : まくり上げる
10）**manche** 女 : 袖
11）**tiède** : ぬるい
12）**cire** 女 : ろう、ワックス
13）**jaune clair** : 薄い黄色の
14）**pâte** 女 : 小麦粉を練った生地
15）**enlever A de B** : BからAを取り去る
16）**enrober** : 包む

セリーヌ : 見て！ まるで本当のお寿司みたい！
恵理子 : レストランの前にある陳列ケースの中に、こういうプラスチック製の食品があることに、おそらくすでにお気づきでしょう。
ニコラ : ええ、このプラスチックの食品を使うやり方は、とても便利だと思います。これから自分が食べようとしているものが、すぐにわかりますから。
恵理子 : もしご希望ならば、自分でこれらの食品を作ることができる所がありますよ。
ニコラ : 本当ですか？ そこに是非行きたいです。セリーヌも行きたくない？
セリーヌ : 行きたいわ！ 私もそこに是非行きたいです。
（……）
恵理子 : 小えびの天ぷらをこれから作ります。私たちの前にある水槽の水の中に手を入れますので、袖をまくっていただけますか？
ニコラ : わかりました。あれは熱いお湯ですか？
恵理子 : いえ、ぬるいです。さて、まず薄い黄色のろうをお湯に注いでください。これは海老の周りの衣になります。
ニコラ : こんな感じですか？
恵理子 : ええ、完璧です。次に、衣の上に海老を乗せます。そして、全部を水から引き揚げて、海老を衣で包みます。
ニコラ : （……）ほらできた！

■ moi aussi / moi, non / moi non plus / moi, siの表現

この課の会話で、Pas toi, Cécile ?「セリーヌ、君も行きたくない？」と否定形で質問され、セリーヌは「行きたいわ」という肯定形をOuiではなくSiで答えました。このsiの使い方の発展編として、« moi, si »があります。下記の1～4を見てください。食品サンプル作成で、天ぷらとレタスのどちらを作るかを選んでいる場面です。

1. moi aussi

– Je vais fabriquer un tempura.　– ***Moi aussi***, je vais faire un tempura.

2. moi, non

– Je vais fabriquer un tempura.　– ***Moi, non***, je vais faire une laitue.

3. moi non plus

– Je ne vais pas fabriquer de tempura.

– ***Moi non plus***, je ne vais pas faire de tempura.

4. moi, si

– Je ne vais pas fabriquer de tempura.　– ***Moi, si,*** je vais faire un tempura.

■ soiの使い方

この課の会話にon peut fabriquer ces aliments soi-mêmeという文がありました。このsoi-mêmeの部分に、lui-mêmeを使ってしまう誤りをよくみかけます。soiの使い方について確認しましょう。

1. 不特定の主語の場合

不特定の主語には、on, 否定のpersonne, chacun, tout le monde, celui quiなどがあります。

Personne n'a rapporté chez *soi* son aliment en plastique.
誰も、食品サンプルを自宅に持ち帰らなかった。

Chacun avait de la cire devant *soi*.
それぞれが、自分の前にろうを持っていた。

注意：On parle de soi.という文で、soiは主語のonを指します。一方、On parle de lui.となると、luiは主語のonではなく、別の誰かを指すことになります。

2. 非人称構文で

Il faut utiliser la cire qui se trouve devant *soi*.
自分の前にあるろうを使わなければいけません。

3. 不定詞句で

Dire du bien de *soi*, c'est normal.
自分のことをよく言うのは、普通のことです。

À vous !

左ページを参考にして、フランス語文を完成させましょう。

1） – Un tempura et une laitue ? Je n'ose pas faire les deux.
– ________________. Ça va être amusant.

「天ぷらとレタス？ 2つ作る気はしないよ」「私は作るわ。きっと面白いわよ」

2） – Je ne sais pas si je vais réussir.
– ____________________, je suis si maladroite.

「うまくできるかどうか、わからない」「私も。私とても不器用なんですもの」

3） – Je pense que mon tempura n'est pas très bien fait.
– _________! On dirait un vrai.

「私の天ぷらは、あまり上手ではないですね」「そんなことないですよ！まるで本物みたいです」

5） Tout le monde était fier de ______________ en pensant avoir réussi son aliment en plastique.

全員が自分自身について自慢げでした。自分のプラスチックの食品作りに成功したと思ったからです。

Infos à picorer

料理用語「ア・ラ・〇〇」

フランスには食品サンプルはありません。特に困るのが、« ... à la ... »「～風の…」という用語です。以下のクイズの番号とアルファベを結びつけてください。なお、形容詞に女性形が使われている理由は、à la façon ... / à la manière ... / à la mode ...の下線部分（すべて女性名詞。「やり方」）のいずれかが省略されているからです（解答はページ下）。

1）à la paysanne　2）à la julienne　3）à la jardinière　4）à la cardinale

ⓐ 甲殻類や赤い果実を使った料理・デザート
ⓑ 野菜が1センチ角ぐらいの薄切りにしてあること
ⓒ 野菜が一辺が5ミリ程度、長さが4センチ程度の棒状に切ってあること
ⓓ 野菜が3～6センチぐらいの千切りにしてあること。

À vous ! 解答

1) –Un tempura et une laitue ? Je n'ose pas faire les deux. – Moi, si. Ça va être amusant.
2) –Je ne sais pas si je vais réussir. – Moi non plus, je suis si maladroite.
3) – Je pense que mon tempura n'est pas très bien fait. – Si ! On dirait un vrai.
4) Tout le monde était fier de soi en pensant avoir réussi son aliment en plastique.

料理用語の解答：1）=ⓑ　2）=ⓓ　3）=ⓒ　4）=ⓐ

14 食事をする（1）お好み焼きに誘う

お腹がすいてきたので、恵理子は夫妻をお好み焼き屋に誘うことにしました。

Eriko : Des galettes[1] salées à la japonaise, ça vous dit quelque chose[2] ?

Nicolas : Des galettes japonaises ? Qu'est-ce que c'est ?

Eriko : On les appelle « okonomiyaki » en japonais. Ce sont des galettes de froment[3] salées qu'on prépare avec de l'eau, du chou, et… un œuf ! **Vous n'êtes pas végétariens *au moins*[4] ?**

Nicolas : Non, non, on peut manger n'importe quoi, sauf des crustacés[5] parce que Céline est allergique[6].

Eriko : D'accord. Alors on va faire attention à[7] ne pas mettre de crustacés dans nos galettes parce qu'il y a des restaurants qui ajoutent des petites crevettes dans la pâte[8] de base[9].

Nicolas : À part[10] des crustacés, qu'est-ce que vous mettez dans les galettes ?

Eriko : **Du porc, du bœuf, des saucisses[11], du maïs[12], de la pâte[13] de poisson comme le surimi[14], ou *même* du fromage.**

Nicolas : Ça a l'air bon !

Eriko : Et puis, ce qui vous amusera[15] peut-être, c'est que **les clients préparent *eux-mêmes* leurs galettes** sur une plaque[16] chauffante[17] en fer.

Nicolas : Très intéressant[18] !

Pour vous aider

1） **galette** 女 : ガレット（→p.65 参照）

2） **Ça vous dit quelque chose ?** : ここでは「～はご存知ですか？」の意味。

3） **froment** 男 : 小麦

4） **au moins** : 少なくとも（→p.64 参照）

5） **crustacé** 男 : 甲殻類

6） **allergique** : アレルギーの

7） **faire attention à + (ne pas) 不定詞** : ～するように注意する（～しないように注意する）

8） **pâte** 女 : 「生地」。13）の**pâte**は「ペースト、練り状のもの」

9） **de base** : ベースの、基本の

10） **à part ...** : ～以外では

11） **saucisse** 女 : ソーセージ

12） **maïs** 男 : 「とうもろこし」。不可算名詞。

13） **pâte** 女 : ペースト、練り状のもの

14） **surimi** 男 : カニカマ（→p.64 参照）

15） **amuser + 人** : ～をおもしろがらせる

16） **plaque** 女 : 板状のもの

17） **chauffant(e)** : 熱する

18） **(C'est) très intéressant !** : 「おもしろいですね」。相手が興味深い話をしてくれた時に返す決まり文句。

恵理子 : 日本風の塩味のガレットは、ご存知ですか？
ニコラ : 日本のガレット？ それは何ですか？
恵理子 : 日本語では「お好み焼き」と呼ばれています。小麦の塩味ガレットで、材料は水、キャベツ、それから... 卵だわ！ お二人が菜食主義者でないとよいのですが。
ニコラ : いえいえ、私たちはなんでも食べられます、甲殻類を除いては。セリーヌにアレルギーがありますので。
恵理子 : 承知しました。それでは、私たちのガレットには甲殻類を入れないように注意いたしましょう。ベースの生地に小さなえびを加えるレストランもありますから。
ニコラ : 甲殻類以外には、何をガレットに入れるのですか？
恵理子 : 豚肉、牛肉、ソーセージ、とうもろこし、カニカマのような魚の練り物、チーズも入れることがあります。
ニコラ : おいしそうですね。
恵理子 : さらに、もしかするとお二人にとっておもしろいかもしれないのが、熱した鉄板の上で、お客さんが自分たち自身でガレットを調理するということです。
ニコラ : それはおもしろい！

au moinsの使い方

1. au moinsの基本的な意味「少なくとも」

au moinsの基本的な意味は「少なくとも」で、au plus「多くとも」と対をなしています。

– Les « okonomiyaki » sont tellement bons. J'en mange toujours ***au moins*** deux.

– Ils sont bons, mais moi, deux tout ***au plus***.

「お好み焼きはとてもおいしいです。いつでも少なくとも2枚は食べます」
「おいしいけれど、私はせいぜい2枚どまりですね」

2. 会話で使われていたau moinsの意味

この課の会話で恵理子は、«... on prépare avec de l'eau, du chou, et... un œuf ! Vous n'êtes pas végétariens ***au moins*** ? »「材料は水、キャベツ、それから…卵だわ！お二人が菜食主義者でないとよいのですが」と言っていました。会話では、このau moinsの使い方をよく見かけます。何かを確かめたり、何かの疑いを消し去る時の用法です。この課では、恵理子が「お好み焼きを食べていただこうと思ったが、その前にお二人が菜食主義者かどうかを確かめておくのを忘れてしまいました。お好み焼きには卵を使いますが、大丈夫ですよね？」という確認のために使われています。他の例文も見てください。

Dans un « okonomiyaki », on met aussi du surimi. Vous connaissez le surimi ***au moins*** ?　「お好み焼き」の中には、カニカマも入れます。カニカマはご存知ですよね？

注意：フランスではカニカマがsurimiという名前で売られていて、人気があります。スーパーにも必ず置いてあります。surimiという語は、日本語の「魚のすり身」が語源です。

３つのmême

1. 形容詞のmême(s) = 同じの、そのもの

この課の会話のLes clients préparent ***eux-mêmes*** leurs galettes.「お客さんは自分たち自身でガレットを調理します」のmêmeは形容詞なので、性数一致があります。

2. 副詞のmême = ～さえ

Du porc, du bœuf, des saucisses, du maïs, de la pâte de poisson comme le surimi, ou ***même*** du fromage.「豚肉、牛肉、ソーセージ、とうもろこし、カニカマのような魚の練り物、チーズさえも入れることがあります」のmêmeは副詞で、性数一致はありません。

3. 代名詞のle même, les mêmes = 同じもの

定冠詞le, lesをともなっている場合は代名詞です。

« Les okonomiyaki » ? Ils sont tous ***les mêmes***.
お好み焼きですか？　あんなもの全部一緒ですよ（どれも同じですよ）。

Ça revient ***au même***.　結局同じことです。

À vous !

左ページを参考にして、フランス語文を完成させましょう。

1） – Quels sont les ingrédients de base d'un « okonomiyaki » ?
– Il faut ______________ de la farine, de l'eau, du chou et un œuf. Mais ensuite, vous pouvez y ajouter n'importe quoi.
「お好み焼きの基本の材料は何ですか？」
「少なくとも、小麦粉、水、キャベツ、そして卵が必要です。でもそのあとは、何でも加えてかまいません」

2） – Il faut du temps pour faire un « okonomiyaki » ?
– Non, 10 minutes ______________.
「お好み焼きを作るのには時間が必要ですか？」「いいえ、せいぜい10分です」

3） Les faire ______________ ? Ça va être difficile ! Vous nous montrez comment il faut faire ______________ ?
「それを自分たちで作るのですか？ 難しいでしょうねえ。どうやって作るのかを見せてくださいますよね？」

4） Les végétariens ne sont pas tous ______________. Il y a ceux qui mangent des œufs, mais il y a aussi ceux qui ne mangent ______________ pas de fromage.
菜食主義の人たちは、すべてが同じというわけではありません。卵を食べる人たちもいる一方、チーズさえ食べない人たちもいます。

Infos à picorer

galette と crêpe

galetteは、丸くて平たいビスケット、パイ、丸くて薄いクレープを指します。crêpeは、丸くて薄いクレープを指します。したがって丸くて薄いクレープには、galetteまたはcrêpeどちらの名称も使えます。しかし、レストランなどでは、galetteは「そば粉」、crêpeは小麦粉を使っているという区別がされているようです。より明確にgalette de sarrasin「そば」、crêpe de froment「小麦」と書いてあるメニューもあります。

À vous ! 解答

1) – Quels sont les ingrédients de base d'un « okonomiyaki » ?
– Il faut <u>au moins</u> de la farine, de l'eau, du chou et un œuf. Mais ensuite, vous pouvez y ajouter n'importe quoi.

2) – Il faut du temps pour faire un « okonomiyaki » ? – Non, 10 minutes <u>au plus</u>.

3) Les faire <u>nous-mêmes</u> ? Ça va être difficile ! Vous nous montrez comment il faut faire <u>au moins</u> ?

4) Les végétariens ne sont pas tous <u>les mêmes</u>. Il y a ceux qui mangent des œufs, mais il y a aussi ceux qui ne mangent <u>même</u> pas de fromage.

15 食事をする（2）アレルギーへの対応

セリーヌに甲殻類のアレルギーがあるという話から、万一のことがあったらどうするかという話題になりました。

Nicolas : Vous savez[1], nous avons toujours un peu peur quand on voyage parce que Céline est allergique aux crustacés. ***L'autre jour***[2] **en France, on était dans un restaurant** et on a commandé[3] une salade...

Céline : Oui, c'est ça. Il n'y avait pas de crustacés dans la salade, mais la vinaigrette[4] contenait[5] de l'extrait[6] de langoustine[7].

Eriko : Et vous en avez mangé sans le[8] savoir ?

Nicolas : Malheureusement, oui. Céline a commencé à se sentir[9] très mal. On a dû appeler une ambulance[10].

Céline : Au fait[11], quel est le numéro pour appeler une ambulance au Japon ?

Eriko : C'est le[12] 119. Au cas où[13], pour appeler la police, vous composez[14] le 110. Mais est-ce que vous pouvez téléphoner avec votre portable au Japon ?

Nicolas : Non, c'est seulement le wi-fi qui marche[15] ici.

Eriko : Dans ce cas[16], si c'est vraiment urgent[17], vous pouvez demander de l'aide[18] aux gens autour de vous. ***La plupart des* Japonais comprennent l'anglais** si ce n'est pas trop difficile.

Nicolas : D'accord.

Pour vous aider

1) **Vous savez** : 話を始める時によく使われる表現。

2) **l'autre jour** : 先日

3) **commander** : 注文する

4) **vinaigrette** 女 : フレンチドレッシング

5) **contenir** : 含む

6) **extrait** 男 : エキス

7) **langoustine** 女 : ヨーロッパアカザエビ

8) **le** :「ドレッシングの中にエビのエキスが入っていること」を指す中性代名詞。

9) **se sentir...** : ～だと感じる

10) **ambulance** 女 : 救急車

11) **au fait** :「ところで」。話題を転換する時に使う表現。

12) **C'est le ...** : 電話番号を言う時は、定冠詞**le**を使う。

13) **Au cas où** : 万一に備えて

14) **composer + 電話番号** : 電話番号をダイヤルする

15) **marcher** :（機械などが）うまく動く

16) **Dans ce cas** : その場合は

17) **urgent(e)** : 緊急の

18) **demander de l'aide** : 援助を頼む

ニコラ　：旅行をする時は、私たちはいつでも少し不安なのです。セリーヌが甲殻類に対するアレルギーを持っているものですから。先日フランスでレストランにいて、サラダを注文したのですが…。

セリーヌ：そう、そう。サラダの中には甲殻類は入っていなかったのですが、ドレッシングにエビのエキスが入っていたのです。

恵理子　：それで、それを知らずに食べてしまったのですか？

ニコラ　：残念ながら、そうなんです。セリーヌは具合がとても悪くなり始めて、救急車を呼ばなければなりませんでした。

セリーヌ：ところで、日本で救急車を呼ぶための番号は何ですか？

恵理子　：119です。万一のために（言っておきますと）、警察を呼ぶには110をダイアルします。でも、お二人のスマホを使って日本で電話をすることはできるのですか？

ニコラ　：いいえ、ここで使えるのはWi-Fiだけです。

恵理子　：それならば、もし本当に緊急の時は、周囲にいる人たちに援助を頼んでください。大部分の日本人は、英語を理解しますから。難しすぎなければ。

ニコラ　：わかりました。

■ La plupartを使った表現

この課の会話に« ***La plupart*** des Japonais comprennent l'anglais. »「大部分の日本人は、英語を理解します」という文がありました。動詞は複数形ですが、主語の中心となっている名詞はla plupartという単数です。動詞の活用の単複は、次のルールに従います。

1. la plupart de ...の場合

la plupart deのあとに、名詞が続いている場合は、その名詞の性数に一致します。

Aujourd'hui, ***la plupart des*** *langoustines ont été vendues*.
今日は大部分のエビが売れてしまった。［ont été venduesはlangoustinesに合わせて女性複数形］

La plupart du *temps a été consacré* aux achats des cadeaux.
時間の大部分は、お土産の買い物に費やされてしまいました。
［a été consacréはtempsに合わせて男性単数形］

2. la plupartだけの場合

la plupartのあとに名詞が続かない場合は、いつでも複数形にします。la plupartが何を指しているのかが明確な場合はその性に一致させます。男女どちらかわからない場合は、男性形にします。

Hier, on a vendu seulement quelques langoustines. ***La plupart*** sont restées invendues.
昨日は数匹のエビしか売れなかった。ほとんどは売れ残ってしまった。
［la plupartは女性名詞のlangoustineを指しているのでsont restées, invenduesは女性複数形］

3. la plupart d'entre nousの場合

la plupartのあとに、d'entre nous, d'entre vousが続く場合、3人称複数に一致させます。意味は「私たちの大部分」ですが、nous（1人称）との一致はありません。

La plupart d'entre nous ne sont pas allergiques aux crustacés.
私たちの大部分は、甲殻類アレルギーではありません。

■ l'autre jour, un autre jour, un jourの使い分け

l'autre jourは「以前、先日」、un autre jourは「また別の日に」、un jourは「ある日、いつの日か」という意味です。

L'autre jour en France, on était dans un restaurant...
先日フランスでレストランにいて…

Ce sera pour ***un autre jour***.
それは、また別の日にしましょう。

J'espère qu'elle pourra manger des crustacés ***un jour***.
いつの日か、彼女が甲殻類を食べられるようになることを願っています。

À vous !

左ページを参考にして、フランス語文を完成させましょう。

1) ________________, je suis allé dans un restaurant trois étoiles. ________________________________ trop ________ pour moi.

先日、三つ星レストランに行きました。大部分の料理が、私にとっては高すぎでした。

2) ________________________________ jamais eu l'expérience d'appeler une ____________. 私たちの大部分が、救急車を呼んだ経験がまったくありません。

3) Avant, je n'aimais pas la salade. Mais __________, ma mère m'a préparé ________________. Désormais, je n'arrête pas d'en manger.

以前はサラダが好きではありませんでした。でもある日、母がとても美味しいドレッシングを作ってくれました。それ以降、サラダばかり食べています。

4) ________________________________ aux visites des sites touristiques.

大部分の時間が、観光地の見学に費やされました。

5) ________________________________ probablement le numéro 112.

ヨーロッパ市民の大部分が、おそらく112番を知っています。

Infos à picorer

フランスの緊急通報番号

Urgence médicale医療の緊急事態にはSamu（15）、Signaler une infraction犯罪の通報にはPolice Secours（17）、Situation de péril ou accident 災害時または事故の時はPompiers（18）、SMSショートメッセージでの通報は114、Sauvetage en mer海難救助は196に連絡します。興味深いのは112という番号で、これはEUのどこにいても、救急・犯罪・災害の通報に使えます。112にかけると、オペレーターがしかるべき部署に電話を回してくれるのだそうです。

À vous ! 解答

1) L'autre jour, je suis allé dans un restaurant trois étoiles. La plupart des plats étaient trop chers pour moi.
2) La plupart d'entre nous n'ont jamais eu l'expérience d'appeler une ambulance.
3) Avant, je n'aimais pas la salade. Mais un jour, ma mère m'a préparé une très bonne vinaigrette. Désormais, je n'arrête pas d'en manger. ＊ドレッシングvinaigretteは通常は不可算名詞ですが、ここでは形容詞bonneがついていますので、「美味しいドレッシング、美味しくないドレッシング」など色々なドレッシングが想定されていますので、部分冠詞ではなく不定冠詞uneを使います。
4) La plupart du temps a été consacré aux visites des sites touristiques.
5) La plupart des Européens connaissent probablement le numéro 112.

16 食事をする（3）飲み物を選ぶ

お好み焼き屋に入った3人は、まず飲み物を選ぶことから始めます。

Eriko : Alors ***qu'est-ce qu'on va prendre comme boisson***[1]... Tiens ! Ici, c'est possible de prendre les boissons à volonté[2].

Nicolas : Super ! ***Qu'est-ce qu'*****il y a *comme* boissons sur la carte**[3]?

Eriko : À part les boissons non alcoolisées[4], ils ont de la bière, du saké, du shochu...

Nicolas : Du shochu ? Qu'est-ce que c'est ?

Eriko : C'est de l'eau-de-vie[5], comme le cognac[6]. Il y en[7] a de différentes sortes. Sur la carte, il y a du shochu de riz, de patate douce[8], d'orge[9] et de sarrasin[10].

Nicolas : Le goût est fort[11] ?

Eriko : Ça dépend du shochu. **Vous pouvez *peut-être* commencer par des cocktails à base de shochu**, c'est moins fort en goût.

Nicolas : C'est une bonne idée, ça !

Eriko : Alors, vous avez du shochu allongé[12]... au thé vert, au thé Oolong[13]. **Ils ont aussi des cocktails au shochu allongés à l'eau pétillante**[14] ***soit*** **avec du citron**[15], ***soit***[16] **avec de la liqueur de prune**[17].

Nicolas : Mmm... heu... est-ce qu'il y a d'autres boissons sur la carte?

Eriko : Oui, vous avez du Highball. C'est du whisky allongé à l'eau pétillante, très populaire en ce moment au Japon.

Pour vous aider

1） **Qu'est-ce qu'on va prendre comme boisson ? →** : Qu'est-ce que ... comme で「〜は…ですか？」。（→p.72参照）

2） **les boissons** 女 **à volonté** : 飲み放題

3） **carte** 女 : メニュー

4） **boisson** 女 **non alcoolisée** : ノンアルコール・ドリンク

5） **eau-de-vie** 女 : 蒸留酒（→p.73参照）

6） **cognac** 男 : コニャック

7） **en** : Il y a <u>des shochu</u> de différentes sortes. の下線部分が、代名詞の**en**になっている。

8） **patate** 女 **douce** : さつま芋

9） **orge** 女 : 大麦

10） **sarrasin** 男 : 蕎麦

11） **fort(e)** : きつい

12） **allongé(e) à ...** : 〜で割った、〜で薄められている

13） **thé** 男 **Oolong** : ウーロン茶

14） **eau** 女 **pétillante** : 炭酸水

15） **citron** 男 : レモン

16） **soit A, soit B** : A、またはB

17） **liqueur** 女 **de prune** : prune（ここでは日本の梅を指している）のリキュール

恵理子 ：さて、飲み物は何にしましょうか…。あ！ ここでは飲み放題にすることが可能ですよ。
ニコラ ：すばらしい！ メニューにはどんな飲み物が載っていますか？
恵理子 ：ノンアルコール・ドリンクの他にあるのは、ビール、酒、焼酎…。
ニコラ ：ショウチュウ？ それは何ですか？
恵理子 ：コニャックと同じような蒸留酒です。（焼酎には）いろいろな種類がありますよ。メニューには、米、さつま芋、大麦、そして蕎麦の焼酎が載っています。
ニコラ ：（焼酎の）味は強烈ですか？
恵理子 ：どの焼酎かによります。もしかすると最初は、焼酎をベースにしたカクテルから始めるといいかもしれません。その方が味がマイルドですから。
ニコラ ：それはいい考えですね！
恵理子 ：ええと、緑茶で割った焼酎、ウーロン茶で割った焼酎がありますね。それから、炭酸水で割った焼酎にレモンを加えたカクテル、または梅酒を加えたカクテルもありますよ。
ニコラ ：ふーむ。メニューには他の飲み物もありますか？
恵理子 ：ええ、ハイボールがあります。炭酸水で割ったウィスキーで、今日本でとても人気があります。

■ Qu'est-ce que ... comme ... ?の表現：「～は、～ですか？」

この課の会話に次の２つの質問文が登場しました。

Qu'est-ce qu'on va prendre ***comme*** boisson ?　飲み物は何にしましょうか？

Qu'est-ce qu'il y a ***comme*** boissons sur la carte ?
メニューにはどんな飲み物が載っていますか？

どちらの質問も疑問詞quelを用いて、

On va prendre ***quelles*** boissons ?

Il y a ***quelles*** boissons sur la carte ?

という質問文にすることもできますが、会話ではQu'est-ce que ... comme ... ?の方が自然な表現です。

■ 確実性を表す副詞（句）: peut-êtreからsûrementまで

確実性を表す副詞（句）について学習しましょう。以下の例文では、副詞（句）によって確実性が上がっていきます。

Vous allez ***peut-être*** aimer le shochu.
あなたは、もしかすると焼酎が気に入るかもしれませんよ。

Vous allez ***probablement*** / ***sans doute*** aimer le shochu.
あなたは、おそらく焼酎が気に入るでしょう。

注意：辞書ではprobablementとsans douteは同義語として掲載されていますが、sans douteの方が確実性が少し高いと感じるフランス人もいるようです。

Vous allez ***sûrement*** / ***certainement*** aimer le shochu.
あなたは絶対に、焼酎が気に入るでしょう。

「もしかすると」「おそらく」「確実に」を目立たせたい場合には、文頭に置いて、そのあとをque ... で続ける表現も可能です。

Peut-être que vous allez aimer le shochu.

Probablement / ***Sans doute*** que vous allez aimer le shochu.

Sûrement / ***Certainement*** que vous allez aimer le shochu.

■ soit A, soit Bの表現：「A、あるいはB」「Aにせよ、Bにせよ」

Ils ont aussi des cocktails au shochu [...] ***soit*** avec du citron, ***soit*** avec de la liqueur de prune.
焼酎にレモンを加えたカクテル、または梅酒を加えたカクテルもありますよ。

２つ目のsoitは、ouで置き換えることも可能です。« soit A, soit B, soit (またはou) C » のように、３項目をたてることもできます。

À vous !

左ページを参考にして、フランス語文を完成させましょう。

1） C'est possible de prendre les boissons à volonté ? Je vais ＿＿＿＿＿＿ prendre ça ! 飲み放題の注文が可能なのですか？ 私は絶対にそれにします！

2） – ＿＿＿＿＿＿ vous nous recommandez ＿＿＿＿＿＿ ?
– Puisque vous êtes au Japon, je vous recommande ＿＿＿＿＿＿ du saké, ＿＿＿＿＿ du shochu, ou les deux !
「飲み物は何がおすすめですか？」「日本にいらっしゃるのですから、お酒、焼酎、または両方をおすすめします」

3） Céline a l'air fatigué. Elle va ＿＿＿＿＿＿ commander une boisson non alcoolisée.
セリーヌは疲れているようです。おそらくノンアルコール飲料を注文するでしょう。

4） ＿＿＿＿＿＿ vous aimez ＿＿＿＿＿＿ française ?
フランスの蒸留酒は、何がお好きですか？

5） Vous ne connaissez ＿＿＿＿＿＿ pas ＿＿＿＿＿＿ de mirabelles ?
もしかすると、ミラベルの蒸留酒はご存知ないかもしれませんね。　＊ミラベルは果物

Infos à picorer

フランスにおけるAOCの蒸留酒

　コニャック地方には、cognac（お酒の名称）以外にもAOC（原産地統制名称）の認証を持っている蒸留酒が複数あります。コニャック地方以外で有名な蒸留酒にはアルマニャック地方のarmagnac男がありますが、どちらの地方の蒸留酒も、ワインを蒸留したものです。

　ぶどう以外の作物から造られたAOCの蒸留酒では、マルチニック島のrhum男ラム酒（さとうきび）、ノルマンディ地方のcalvados男カルヴァドス（りんご）、フランシュ・コンテ地方のkirsch男キルシュ（さくらんぼ）、メーヌ地方のeau-de-vie de cidre（リンゴ酒のブランデー）などが有名です。

À vous ! 解答

1) C'est possible de prendre les boissons à volonté ? Je vais sûrement [certainement] prendre ça !
2) – Qu'est-ce que vous nous recommandez comme boisson ?
– Puisque vous êtes au Japon, je vous recommande soit du saké, soit du shochu, ou les deux !
3) Céline a l'air fatigué. Elle va probablement [sans doute] commander une boisson non alcoolisée.
4) Qu'est-ce que vous aimez comme eau-de-vie française ?
5) Vous ne connaissez peut-être pas l'eau-de-vie de mirabelles ?

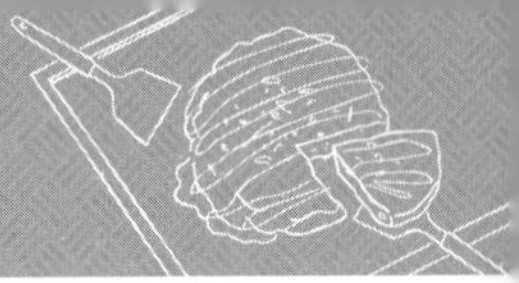

17 食事をする（4）お好み焼きを作る

3人のところに注文品が運ばれて来ました。恵理子が作り方を教えます。

Eriko ： D'abord, vous mélangez bien les ingrédients.

Nicolas ： （かき混ぜてから）Ça suffit comme ça ?

Eriko ： Oui, c'est parfait. Ensuite avec cette brosse[1], vous étalez[2] de l'huile sur la plaque. Et **vous versez**[3] **la pâte *dessus***[4].

Nicolas ： Comme ça ?

Eriko ： Voilà ! C'est bien ! Maintenant, **vous aplatissez**[5] **un *peu le dessus***[6] **de la pâte** pour obtenir une sorte de pancake.

Nicolas ： Pof ! Pof ! Pof ! C'est amusant !

Eriko ： **Quand le *dessous***[7] **est cuit**, vous retournez la galette avec ces deux spatules[8]. Mais attention ! Ça, c'est le moment le plus délicat.

（お好み焼きは見事にひっくり返されました）

Eriko ： Bravo ! Alors, quand la galette est totalement cuite, on badigeonne[9] de sauce à l'aide de cette petite brosse plate[10].

Nicolas ： Encore un autre ustensile[11] ? Mais vous avez un nombre impressionnant d'ustensiles ici !

Eriko ： Effectivement[12]. C'est presque fini maintenant.
Par-dessus[13], **on parsème**[14] **la galette de poudre d'algue**[15] et de copeaux de poisson séché[16]. Il y a des gens qui ajoutent de la mayonnaise aussi. Voilà, bon appétit !

Pour vous aider

1） **brosse** 女 : ブラシ、刷毛

2） **étaler** : 伸ばす

3） **verser** : 注ぐ

4） **dessus** : ここでは副詞。「その上に」（→p.76参照）

5） **aplatir** : 平らにする

6） **dessus** 男 : ここでは名詞。「上部」（→p.76参照）

7） **dessous** 男 : ここでは名詞。「下部」（→p.76参照）

8） **spatule** 女 : へら

9） **badigeonner A de B** : 「AにBをべったりと塗る」。ここではbadigeonner (la galette) de + de la sauceの下線部分が、deとなっている。

10） **plat**(e) : 平らな

11） **ustensile** 男 : 家庭で使う道具

12） **Effectivement** : 実際にその通りです

13） **par-dessus** : 副詞。「上から」（→p.76参照）

14） **parsemer A de B** : 「AにBをちりばめる」。ここではparsemer la galette de + de la poudreの下線部分がdeになっている。

15） **poudre** 女 **d'algue** : 海藻の粉。ここでは「青のり」

16） **copeau(x)** 男 **de poisson séché** : 乾燥させた魚の削りくず。ここでは「削り節」。

恵理子 ：まず、材料をよく混ぜてください。

ニコラ ：（……）これで十分ですか？

恵理子 ：ええ、完璧です。次に、この刷毛で、鉄板の上に油を伸ばしてください。そして、生地をその上に流し込みます。

ニコラ ：こうですか？

恵理子 ：そうです！ それでいいです！ 今度は、生地の上の部分をちょっと平らにして、一種のパンケーキのようにしてください。

ニコラ ：ポン、ポン、ポン！面白いですね。

恵理子 ：下側が焼けたら、この2本のへらで、お好み焼きをひっくり返してください。でも注意してくださいね！ ここが一番難しい段階です。

（……）

恵理子 ：すばらしい！ それでは、お好み焼きの全体に火が通ったら、この小さな平たい刷毛で、ソースをまんべんなく塗ります。

ニコラ ：また別の調理道具ですか？ ここには驚異的な数の道具があるのですね！

恵理子 ：そうですね。これでほとんど完成です。上から、青のりと削り節をお好み焼きに振りかけます。マヨネーズを加える人たちもいますよ。ほら、お召し上がりください！

■ dessus, dessousを使った表現

1. dessus

副詞「その上に」「その表に」と、名詞「上部」という意味があります。

〈副詞として〉 Vous versez la pâte ***dessus***. その上に生地を流し込みます。

〈名詞として〉 Vous aplatissez un peu le ***dessus*** de la pâte.
生地の上の部分をちょっと平らにしてください。

2. dessous

副詞「その下に」「その裏に」と、名詞「下部」という意味があります。

〈副詞として〉 ***Dessous***, il y a deux fines tranches de porc.
その下には、豚肉の薄切り2枚があります。

〈名詞として〉 Quand le ***dessous*** est cuit ... 下側が焼けたら...

3. par-dessus

副詞「その上を通って」「その上から」と、前置詞「〜の上を通って」「〜の上から」という意味があります。

〈副詞として〉 ***Par-dessus***, on parsème la galette de poudre d'algue.
その上から、青のりをお好み焼きに振りかけます。

〈前置詞として〉 Dans ce bistro(t), on sert les boissons ***par-dessus*** le comptoir.
この居酒屋では、カウンター越しに飲み物が渡されます。

4. par-dessous

副詞「その下を通って、下から」と、前置詞「〜の下を通って」「〜の下から」という意味があります。

〈副詞として〉 À l'entrée de ce bistro(t), il y a un petit rideau court qu'on appelle « noren » en japonais. On va passer ***par-dessous*** pour entrer.
この居酒屋の入り口には、日本語で「暖簾（のれん）」と呼ばれる短い小さなカーテンがあります。その下をくぐって入りましょう。

〈前置詞として〉 D'accord. On passe donc ***par-dessous*** ce rideau.
了解です。そのカーテンの下をくぐればいいのですね。

5. au-dessus, au-dessous

au-dessusは副詞「その上の方に」「階上に」ですが、〈 au-dessus de + 名詞 〉で前置詞句「〜の上の方に」になります。au-dessousも副詞「その下の方に」「階下に」ですが、〈 au-dessous de + 名詞 〉で前置詞句「〜の下の方に」になります。

dessusは上にある物が下の物に接触している場合です。一方au-dessusは上の方にあるのであって、下の物に接触していません。大体同じような差が、dessousとau-dessousにもあると思われます。そしてpar-dessus, par-dessousには、上または下を物が移動しているニュアンスが感じられます。

À vous !

左ページを参考にして、フランス語文を完成させましょう。

1） Vous versez la pâte sur la plaque. Et vous étalez deux fines tranches de porc ________. Quand __________ de la galette est cuit, vous la retournez. Comme ça, les tranches de porc se retrouvent __________.

生地を鉄板の上に流し込みます。そしてその上に豚肉の薄切りを２枚広げます。お好み焼きの下側が焼けたら、それをひっくり返します。そうすると、豚の薄切りは下側になるのです。

2） Le bistro(t) à okonomiyaki est au premier étage. ____________, c'est un bar à vin. お好み焼き屋さんは２階にあります。階下はワインバーです。

3） D'abord, vous badigeonnez la galette de sauce. Après, vous mettez de la mayonnaise __________________.

まず、お好み焼きにソースを塗ります。次に、その上からマヨネーズをかけます。

4） – Où est-ce que j'ai mis la spatule ?
– Là ! ____________ ! Sous le chiffon.

「へらを、どこに置いたかな？」「そこよ！ その下！ ふきんの下よ」

Infos à picorer

擬音語

pof ! pof ! pof !「ポンポンポン！」は何かを軽くたたく時の音で、paf ! paf ! paf !「パシパシパシ！」となると、もう少し強くたたいている感じになります。日本語と比べて、フランス語の擬音語は少ないですが、多少は存在しています。次の擬音語①〜⑦を、それが表す物事ⓐ〜ⓖと結び付けましょう（解答はページ下）。

① Toc ! Toc ! Toc !　② Plouf !　③ Tic ! Tac !
④ Clap ! Clap ! Clap !　⑤ Crac !　⑥ Glou-glou !
⑦ Ding dong !

ⓐ拍手　ⓑ鐘の音　ⓒ何かが折れる音
ⓓ時計の音　ⓔドアをノックする音　ⓕ水などを飲む音（ごくごく）
ⓖ何かが水に飛び込む音

À vous ! 解答

1) Vous versez la pâte sur la plaque. Et vous étalez deux fines tranches de porc dessus. Quand le dessous de la galette est cuit, vous la retournez. Comme ça, les tranches de porc se retrouvent dessous.
2) Le bistro(t) à okonomiyaki est au premier étage. Au-dessous, c'est un bar à vin.
3) D'abord, vous badigeonnez la galette de sauce. Après, vous mettez de la mayonnaise par-dessus.
4) – Où est-ce que j'ai mis la spatule ?　– Là ! Dessous ! Sous le chiffon.

擬音語の解答：①＝ⓔ、②＝ⓖ、③＝ⓓ、④＝ⓐ、⑤＝ⓒ、⑥＝ⓕ、⑦＝ⓑ

18 秋葉原にて（1）お土産の希望を聞く

マルタン夫妻には13歳になる甥のエンゾーがいます。エンゾーがポケモンの大ファンなので、今日は秋葉原のポケモングッズ売り場に来ています。ニコラがエンゾーからのメッセージを、スマートフォンの画面で恵理子に見せています。

18

Nicolas : Voici le message qu’Enzo nous a envoyé. Il est accro à[1] Pokémon Go.

Céline : Oui, il est véritablement addict aux[2] Pokémons.

Eriko : Et qu’est-ce qu’il vous demande d’acheter au Japon ?

Nicolas : D’abord... et je dis bien[3] « d’abord » parce que la liste est longue. D’abord donc, il veut une coque[4] ou un étui portefeuille[5] Pokémon pour iPhone 11.

Eriko : Là, il y a des coques Pokémon pour iPhone. Est-ce qu’il en veut une en silicone[6] ?

Nicolas : Peu importe[7], du moment qu’il[8] s’agit des Pokémons.

Eriko : Moi, je vous recommande des coques en silicone parce qu’elles ne glissent[9] pas de la main[10]. Comme ça, on ne risque pas de faire tomber son portable.

Nicolas : Bon, **on prend *celle-ci***. Elle représente Pikachu, le seul Pokémon que je connais.

Eriko : Qu'est-ce qu'il y a ensuite dans la liste ?

Nicolas : Alors, il veut des écouteurs[11] jaunes Pikachu. Puis, une pochette étanche[12] pour iPhone avec des motifs[13] de Pokémons. Ensuite, un chargeur de batterie[14] sans fil[15], toujours[16] avec des dessins de Pokémons.

Eriko : Bon... On va chercher tout ça un à un[17].

Pour vous aider

1) **accro à ... :** ～に中毒の
2) **addict à ... :** ～に依存している
3) **je dis bien ... :** ここでちゃんと～だと言っておきます
4) **coque** 女 **:** ケース
5) **étui** 男 **portefeuille :** 手帳型ケース
6) **en silicone :**「シリコン製の」。材料はenに続ける。
7) **Peu importe :** それはどうでもよいのです
8) **du moment que ... :** ～であるからには
9) **glisser :** 滑る
10) **de la main :**「手から」。deは「～から」の意味。
11) **écouteurs** 男 **:**「イヤホン」。2個ついているので複数形。
12) **pochette** 女 **étanche :**「防水ケース」。pochetteは「小さな袋」、étancheは「防水の」
13) **motif** 男 **:** 模様
14) **chargeur** 男 **de batterie :** バッテリーの充電器
15) **sans fil :** ワイヤレス
16) **toujours :** 相変わらず
17) **un à un :** ひとつずつ

ニコラ：ほらこれが、エンゾーが私たちに送って来たメッセージです。彼はポケモンGO中毒なんですよ。
セリーヌ：そうよね、本当にポケモン依存症ね。
恵理子：それで、日本で何を買ってきてほしいと頼んでいるのですか？
ニコラ：まずですね…。「まず」と言っておきたいです。なぜならば（買い物の）リストが長いからです。では、まず、iPhone 11用のポケモンのケース、または手帳型ケースが欲しいと言っています。
恵理子：あそこに、ポケモンのiPhone用ケースがありますよ。シリコン製のが欲しいのでしょうか？
ニコラ：なんでもいいのです、ポケモンでありさえすれば。
恵理子：シリコン製のケースをお勧めします。なぜなら、手から滑り出ないからです。だから、スマホを下に落とす心配がありません。
ニコラ：よし、これにしよう。ピカチューを表していますよね。ピカチューは私が知っている唯一のポケモンなんです。
恵理子：買い物リストの次は何ですか？
ニコラ：ええと、ピカチュウの黄色のイヤホンがほしいらしいです。次に、ポケモンの模様がついたiPhone用の防水ケ--スですね。それから、ワイヤレスのバッテリー充電器、こちらも相変わらずポケモンの絵がついているものです。
恵理子：そうですか…。ひとつずつ、全部探していきましょう。

■ 指示代名詞（celui, celle, ceux, celles）の使い方

日本語の「それ（ら）」にあたる代名詞には、celui, celle, ceux, cellesのほかに、enやle, la, lesなどがあります。指示代名詞はうしろに次の３種類の表現が続く場合に用います。

1. –ci, -là が続く場合

On prend ***celle****-ci*. これを買おう。

On ne va pas prendre ***celle****-là*. あっちのは、買わないでおこう。

2.〈 前置詞＋名詞 〉が続く場合

Celle *d'Enzo* est un peu vieille. Il veut une nouvelle coque.
エンゾーのはちょっと古いのです。新しいケースを欲しがっています。

Celle *avec des motifs Pikachu* est cool !
ピカチュウの模様がついたのが、かっこいい！

3. qui, que, dont, où で始まる関係詞節が続く場合

On va acheter ***celle*** *qui ne coûte pas trop cher*.
あまり高くないのを買いましょう。

Celle *qu'on a achetée en France*, elle n'a pas plu à Enzo.
フランスで私たちが買ったのは、エンゾーの気に入らなかったのです。

Regarde ! C'est ***celle*** *dont on parle beaucoup maintenant*.
見て！ これは、今とても話題になっているものよ。

Une pochette étanche ? C'est ***celle*** *où met son portable* pour l'apporter à la piscine par exemple ?
防水ケースですか？ その中にスマホを入れて、たとえばプールなどに持っていくあれですか？

4. 先行詞なしで使う場合

上記の１～３には、すべて先行詞（celleなどが指す名詞）がありました。最後の例文をのぞいて、１～３のcelleはcoque（ケース）を指しています。そして最後の例文のcelleは、pochette（小さな袋）を指していました。ところが、このような先行詞なしでcelui, celle, ceux, cellesを使う場合があります。その場合は、「～な人」「～な人たち」を意味します。

Ceux qui ont un iPhone le mettent normalement dans une coque.
iPhoneを持っている人たちは、普通それをケースに入れます。

À vous !

左ページを参考にして、フランス語文を完成させましょう。

1） Je suis en train de chercher le message d'Enzo sur mon portable... Ah ! C'est ________________.

スマホの中のエンゾーのメッセージをさがしているのです…。あっ！これです。

2） Parmi les Pokémons, ____________ est le plus fort s'appelle comment ?

ポケモンたちのうち、一番強いのは何という名前ですか？

3） Avec le jeu Pokémon GO, je capture les monstres. ________________ j'ai dans mon portable sont très forts.

ポケモンGOのゲームで、私はモンスターたちを捕まえています。私がスマホの中に持っているのは、とても強いんですよ。

4） ________________ jouent à Pokémon GO, très souvent, ils ne font pas attention aux autres.

ポケモンGOで遊んでいる人たちは、他の人たちに注意を払わないことがしょっちゅうあります。

5） Je ne trouve pas de coque iPhone pour Enzo. ____________________ ce magasin ne sont pas bien.

エンゾーのためのiPhoneケースが見つからない。このお店のは、よくないわ。

Infos à picorer

フランスのポケモン人気

フランスのポケモンファンは、子どもだけではありません。そのファンの多くは、若い大人だと言われています。**TF1**というテレビ局で放映されて以降、ポケモンはファンの層を広げてきました。そしてその人気に拍車をかけたのが、ポケモンGOです。**L'Assemblée nationale**（国民議会）の議会場で、ポケモンを探す人がいたほどだそうです。地方自治体も、**pokestop**や**arène**（アリーナ）を巡るための**Pokétrain, Pokébus**をしつらえ，さらには**Marne**川を行く**Pokéboat**まで用意した自治体もありました。若い観光客を呼び寄せるためです。

À vous ! 解答

1) Je suis en train de chercher le message d'Enzo sur mon portable... Ah ! C'est <u>celui-ci</u>.　＊ sur mon portableはdans mon prtableでも可。
2) Parmi les Pokémons, <u>celui qui</u> est le plus fort s'appelle comment ?
3) Avec le jeu Pokémon GO, je capture les monstres. <u>Ceux que</u> j'ai dans mon portable sont très forts.
4) <u>Ceux qui</u> jouent à Pokémon GO, très souvent, ils ne font pas attention aux autres.
5) Je ne trouve pas de coque iPhone pour Enzo. <u>Celles de [Celles dans]</u> ce magasin ne sont pas bien.

19 秋葉原にて（2）街並みの説明

秋葉原を散歩中、コンビニ、パチンコ、銭湯、メイドカフェなど、ヨーロッパにはない店の前を通りかかります。

19

Nicolas : Là, qu'est-ce que c'est ? Quand la porte s'ouvre[1], j'entends beaucoup de bruit[2] qui vient de l'intérieur[3].

Eriko : C'est ce qu'on appelle[4] pachinko. Il s'agit d'un jeu. Vous achetez des petites billes[5] en métal, vous les introduisez[6] dans une machine et le jeu commence. Si les billes entrent dans un trou[7], vous gagnez des billes en plus.

Nicolas : Et qu'est-ce qu'on fait avec les billes qu'on a gagnées ?

Eriko : Vous pouvez les échanger contre[8] des prix comme des produits alimentaires[9] ou des objets d'usage quotidien[10].

（次に、客の呼び込みをするメイドカフェの店員の横を通りすぎました）

Nicolas : Qu'est-ce qu'elle fait cette jeune fille qui..., comment dire..., qui est déguisée en[11] servante[12] ?

Eriko : C'est une serveuse[13] d'un « maid café ». C'est une « maid », donc une servante en français.

Nicolas : Ah bon ? Et qu'est-ce qui se passe[14] dans ce café ?

Eriko : Eh bien, dans ce café, le client est roi[15] ! Les clients sont servis[16] par ces servantes comme s'ils étaient leurs maîtres[17].

Pour vous aider

1） **s'ouvrir** : 開く
2） **bruit** 男 : 騒音
3） **intérieur** 男 : 内側、屋内
4） **C'est ce qu'on appelle ...** : ～と呼ばれているものです
5） **bille** 女 : ビー玉ぐらいの大きさの球
6） **introduire** : 挿入する
7） **trou** 男 : 穴
8） **échanger A contre B** :「AをBと交換する」。ここではAがles（もらった球）の代名詞になっている。
9） **produit** 男 **alimentaire** : 食料品
10） **objet** 男 **d'usage quotidien** : 日常で利用する物、日用品
11） **déguisé(e) en ...** : ～に仮装している
12） **servante** 女 : メイド
13） **serveur, serveuse** : ウエイター、ウエイトレス
14） **qu'est-ce qui se passe ?** : 何が起きているのか？
15） **le client est roi** :「お客様は神様だ」。決まった言い方。
16） **servir ...** :「～に仕える」。ここでは受動態になっている。
17） **maître** 男 : 主人

ニコラ ：あれは、何ですか？ ドアが開くと、中からたくさんの物音が聞こえますね。
恵理子 ：あれはパチンコと呼ばれているものです。ゲームの一種です。金属製の小さな玉を購入して、それを機械の中に入れると、ゲームが始まります。もし玉が穴の中に入れば、さらに玉がもらえます。
ニコラ ：もらった玉で、何をするのですか？
恵理子 ：食料品とか日用品といった賞品と交換できるのです。
(……)
ニコラ ：あそこの、何というか、メイドさんに仮装した若い女性は、何をしているのですか？
恵理子 ：「メイドカフェ」のウェートレスさんです。「メイド」なので、フランス語だとservanteですね。
ニコラ ：そうなんですか。それで、そのカフェでは何がおきるのですか？
恵理子 ：そうですね、あのカフェでは、お客様は神様なのです！あたかもお客さんがご主人であるかのように、あのウエイトレスさんたちが仕えてくれるのです。

■ 条件法過去

初級文法では、条件法過去は「過去の事実とは異なることを想定し、その結果を想像して述べる時に使う」と学習します。これ以外に、条件法過去には次の２つの用法もあります。

恵理子とセリーヌが止めるのもきかず、ニコラがパチンコ屋さんに入り、大金を使ってしまったという設定で、以下の説明を読んでください。

1. 後悔・非難の表現

条件法過去を使うと、過去のことについて自分で後悔したり、相手を非難したりすることができます。この場合、主にdevoirとpouvoirが使われます。

【後悔】

Nicolas : Je n'***aurais*** pas ***dû*** y entrer. Ou j'***aurais dû*** m'arrêter quand j'ai perdu 5 000 yens.

中に入らなければよかった。あるいは、5000円負けた時に止めておけばよかった。

【非難】

Cécile : Tu n'***aurais*** pas ***pu*** t'arrêter au bout d'un certain moment ? Tu ***aurais pu*** penser au budget de notre voyage !

ある程度の時間がたって、止められなかったの？　私たちの旅行の予算を考えることだってできたんじゃないの？

2. 過去のことに関する伝聞や推測

条件法過去を用いると、「〜だったらしい」という伝聞や推測を表すことができます。ニコラの行動を聞いたフランスの友人の発言です。

Nicolas ***aurait perdu*** plus de 400 euros dans un jeu au Japon. Et à cause de ça, ils ***auraient dû*** renoncer à une excursion aux alentours de Tokyo.

ニコラが日本のゲームで400ユーロ以上を失ったらしいよ。そのせいで東京近郊への遠出をひとつ、あきらめなければならなかったらしい。

À vous !

セリーヌはセリーヌで、かわいい甥のエンゾー君にお土産を買いすぎてしまったようです…。その設定で、フランス語文を完成させましょう。

1) Je ______________________ tant de cadeaux pour Enzo. On n'a plus de place dans nos valises.

エンゾーのためにこんなにたくさんのプレゼントを買わなければよかったわ。スーツケースにはもう（それを入れる）場所がないわ。

2) J'______________________ mon sang-froid. Mais quand je pense à mon petit Enzo...

冷静になるべきだったわ。でも、あのかわいいエンゾーのことを考えると…。

3) Tu ______________________ d'acheter des choses dans l'après-midi. Mais tu as continué jusqu'au soir.

午後には物を買うのをやめることだってできたよね。でも、君は夜まで（買い物を）続けたんだ。

4) Mais tu ______________________ toi aussi !!

でも、あなただって私を止めることができたでしょ!!

5) Oui. J'__________ vraiment ________________ quand tu allais acheter une Nintendo Switch pour Enzo...

そう。君がエンゾーのために任天堂Switchを買いに行こうとしていた時に、本当に介入するべきだったよ。

＊介入する : intervenir

Infos à picorer

コンビニ

日本の街並みにあってフランスにないもののひとつに、コンビニエンスストアがあります。もちろん小型のスーパー supérette 女 は存在し、最近では夜の８時、９時まで開いているものもあります。しかし、深夜まで開いている supérette はありません。これはフランスの労働法によって、従業員を深夜に働かせることができないからです。このような状況なので、夜遅くまで飲み物や食べ物を買えるお店は、個人経営の小さな店舗だけです。

À vous ! 解答

1) Je n'aurais pas dû acheter tant de cadeaux pour Enzo. ...
2) J'aurais dû garder mon sang-froid. Mais quand je pense à mon petit Enzo...
3) Tu aurais pu arrêter d'acheter des choses dans l'après-midi. ...
4) Mais tu aurais pu m'arrêter toi aussi !!
5) Oui. J'aurais vraiment dû intervenir quand tu allais acheter une Nintendo Switch pour Enzo...

20 秋葉原にて（3）忘れ物のトラブル

秋葉原のあちらこちらを歩いているうちに、セリーヌはせっかく買ったポケモングッズをどこかへ置き忘れてしまいました。

Céline : Ce n'est pas possible ! Je ne trouve plus les objets Pokémon !

Eriko : Attendez, on va réfléchir[1] un peu. À la sortie[2] du magasin Pokémon, **je vous *ai vue* porter**[3] **le sac en plastique**[4], donc heu... vous avez dû le laisser quelque part[5] sur le chemin jusqu'ici[6]. Allez, on va faire demi-tour[7] et refaire le chemin[8] qu'on a fait.

（道を逆にたどりましたが、袋は見つかりません）

Eriko : Voilà un poste de police[9]. On va se renseigner[10] là. C'est possible que quelqu'un ait trouvé votre sac et qu'il l'y ait apporté.

（落とした袋は交番に届けられていて、セリーヌは無事に袋を回収しました）

Eriko : L'autre jour, en rentrant chez moi de la gare, j'ai perdu la clé de chez moi. Mais il n'y a pas de kôban dans ce quartier-là. Alors je me suis dit[11] : « où est-ce que je peux bien[12] aller pour la retrouver ? ».

Nicolas : Et alors[13] ?

Eriko : J'ai eu l'idée d'aller[14] voir une de ces supérettes[15] qui se trouvent partout dans le quartier.

Nicolas : Vous parlez de ces fameuses supérettes ouvertes 24 heures sur 24 ?

Eriko : Oui. Et ma clé était là. On m'a dit que quelqu'un l'avait ramassée[16] devant cette supérette et l'avait confiée[17] au vendeur !

Pour vous aider

1） **réfléchir :** よく考える

2） **sortie** 女 **:** 出口

3） **je vous ai vue + 不定詞 :**「私はあなたが～するのを見た」（→p.88参照）

4） **sac** 男 **en plastique :** ビニール袋

5） **quelque part :** どこかに

6） **sur le chemin jusqu'ici :** ここまでの道のりで

7） **demi-tour** 男 **:** Uターン

8） **refaire le chemin :** 同じ道をたどる

9） **poste** 男 **de police :**「警察の派出所」「交番」。**poste** 女（郵便）とは別の単語。

10） **se renseigner :** 問い合わせる

11） **se dire :** 自分自身に向かって言う

12） **bien :** ここでは「～したらよいのだろうか？」という意味で使われている。

13） **Et alors ? :** それで、どうなりましたか？

14） **avoir l'idée de ... :** ～というアイディアを思いつく

15） **supérette** 女 **:** 小型のスーパー、コンビニエンスストア（→p.85, 89参照）

16） **ramasser :** 拾う

17） **confier :** 託す、預ける

セリーヌ：なんてこと！ ポケモングッズが見当たらない！

恵理子　：待ってください、ちょっと考えてみましょう。ポケモンのお店の出口では、セリーヌさんがビニール袋を持っているのを見ました。ですからここまでの道のどこかで、それを置き忘れたにちがいありません。さあ、引き返して、今までの道をもう一度たどりましょう。

（……）

恵理子　：あそこに交番があります。あそこで問い合わせましょう。誰かがセリーヌさんの袋を見つけて、それをあそこへ持って行ったかもしれません。

（……）

恵理子　：この前、駅から家に帰る途中で、自宅の鍵をなくしたんです。でもそのあたりには交番がありません。それで、「鍵を見つけるためには、いったいどこに行ったらいいのだろうか？」と自問自答したのです。

ニコラ　：それで、どうなったのですか？

恵理子　：その辺りのあちらこちらにあるコンビニを見に行くことを思いついたのです。

ニコラ　：例の有名な24時間営業の小型スーパーのことですね？

恵理子　：はい。そうしたら、私の鍵がそこにありました。誰かが、そのコンビニの前でそれを拾って、店員さんに預けてくれたのだそうです。

■ voir と regarder, entendre と écouter

1. voir は「ある光景が目に入ってくる（見える）」、regarder は「こちらから注意して、意識しながら何かを見る」という意味です。

Je vous ***ai vue*** porter le sac en plastique.
私は、あなたがビニール袋を持っているのを（偶然）目にしました。

Je vous ***ai regardé*** porter le sac en plastique.
私は、あなたがビニール袋を持っているのを見守っていました。

2. entendre は「ある音が耳に入ってくる（聞こえる）」、écouter は「こちらから注意して、意識しながら何かを聞く」という意味です。

Je vous ***entends*** bien.
あなたの声は、よく聞こえています。

Je vous ***écoute***.
あなたのお話しを聞きますよ（どうぞお話しください）。

■ 知覚動詞の用法

1. voir, regarder, entendre, écouter, sentir, apercevoir などは知覚動詞と呼ばれ、うしろに不定詞をともなった用法があります。

J'ai aperçu Céline porter un sac.
私はセリーヌが袋を持っているのを見かけました。

2. うしろに続く不定詞が自動詞の場合、<u>その主語</u>は不定詞の前または後ろに置くことができます。

J'ai senti <u>les larmes</u> monter. / ***J'ai sent***i monter <u>les larmes</u>.
私は涙がこみあげてくるのを感じました。

3. 不定詞の主語を代名詞に置く場合は、知覚動詞の前へ置きます。したがって複合過去の場合は、<u>知覚動詞の過去分詞を一致</u>させます。

Je l'***ai aperçu<u>e</u>*** porter un sac.
私は、彼女が袋を持っているのを見かけました。[la と女性単数の一致]

Je ***les ai senti<u>es</u>*** monter.
私は、それ（涙）がこみあげてくるのを感じました。[les = larmes と、女性複数の一致]

À vous !

セリーヌたちが公園でひと休みした時にポケモングッズが入った袋を置き忘れてしまったという設定で、フランス語文を完成させましょう。話しているのは、目撃した人です。

1） J'____________ un couple de touristes étrangers ____________ dans le parc.

外国の観光客カップルが、公園に入るところをみかけました。

2） Je ________________________ plusieurs fois le mot « Pokémon ».

彼らが何回も「ポケモン」という単語を言っているのが聞こえました。

3） Je ________________________ [dans] une langue étrangère que je ne connais [connaissais] pas.

私が知らない外国語で彼らが話しているのを、聞いていました。

4） Je ________________________ des selfies avec une jeune Japonaise.

若い日本人女性と一緒に彼らが自撮りをしているところを見ていました。

5） Au bout d'un certain moment, quand je sortais du parc, j'____________ ce groupe ____________ le parc en laissant un sac derrière eux.

しばらく経って、私が公園から出ようとしていると、そのグループが袋を置き忘れて公園を離れるのが見えました。

Infos à picorer

supérette, supermarché, hypermarché

-etteは「小さいもの」という意味の接尾辞で、女性名詞を作ります。したがってsupérette 女は「小さなスーパー」という意味です。19課でも説明したように、日本のコンビニサイズのスーパーはフランスにもあり、supéretteと呼ばれています。普通の規模のスーパーは、supermarché 男 です。

フランス語には、大型スーパーを意味するhypermarché 男（ハイパーマート）という単語も存在します。superのさらに上という意味で、hyperです。この単語を使い始めたのは、以前に日本にも進出していたCarrefourというチェーンストアだと言われています。

À vous ! 解答

1) J'ai aperçu un couple de touristes étrangers entrer dans le parc.
2) Je les ai entendus dire plusieurs fois le mot « Pokémon ».
3) Je les écoutais parler (dans) une langue étrangère que je ne connais [connaissais] pas.
4) Je les regardais faire des selfies avec une jeune Japonaise.
5) Au bout d'un certain moment, quand je sortais du parc, j'ai vu ce groupe quitter le parc en laissant un sac derrière eux.

21 秋葉原にて（4）ハリネズミカフェ

フランスで聞き込んだ情報をもとに、セリーヌがハリネズミカフェに行きたいと言ったので、ネットで検索することになりました。

Céline : J'ai entendu dire qu'il[1] y avait des cafés à hérissons[2] au Japon. Est-ce qu'il y en[3] a un dans ce quartier ?

Eriko : Vous aimez les animaux ?

Céline : Oui, beaucoup. Surtout les petits animaux adorables. Des cafés à chats, on commence à en[4] avoir en France, mais pas de cafés à hérissons.

Eriko : Attendez, je vais regarder sur Google Map. （スマートフォンを取り出して）J'entre donc « café » et « hérisson » comme mots clés[5]… en japonais, bien sûr. Ah ! Il y en a un.

Nicolas : On peut y aller à pied ?

Eriko : Oui, **c'est à *une centaine de*[6] mètres d'ici**.

Céline : Oh, c'est tout près[7] !

Eriko : Oui, c'est ça. On y va ?

（３人はハリネズミカフェに入りました）

Eriko : Je ne me suis jamais fait piquer[8], mais j'ai toujours un peu peur de ces piquants[9].

Nicolas : On peut les nourrir[10] ? En fait, qu'est-ce qu'ils mangent ?

Eriko : De petites larves[11].

Céline : Oh, non ! Séchées[12], j'espère ?

Eriko : Malheureusement pour vous, on les donne vivantes[13] ici. Mais rassurez-vous, on utilise une pince[14] pour le faire.

Céline : Même[15] avec une pince…

Pour vous aider

1）**J'ai entendu dire que ...** : ～だと聞いたことがある

2）**café** 男 **à hérissons** :「ハリネズミカフェ」。hérissonの語頭は有音のh。

3）**en** : ハリネズミカフェを指す代名詞

4）**en** : 猫カフェを指す代名詞

5）**mot clé** :「キーワード」。〈名詞mot＋名詞clé〉でできている複合名詞なので、複数形は両方ともsをつける。

6）**une centaine de ...** : 約100の～（→p.92参照）

7）**tout près** :「すぐ近くに」。×très prèsとは言わない。

8）**se faire piquer** :「刺されてしまう」。複合過去の過去分詞faitの女性一致はない。

9）**piquant** 男 : とげ

10）**les nourrir** : それら（ハリネズミ）に餌をあげる

11）**larve** 女 : 幼虫

12）**séché(e)** : 乾燥させた

13）**vivant(e)** : 生きた状態で

14）**pince** 女 : ピンセット

15）**même ...** : たとえ～であっても

セリーヌ：日本にはハリネズミカフェがあると聞いたことがあります。このあたりにありますか？

恵理子　：動物がお好きなのですか？

セリーヌ：はい、大好きです。特にかわいい小さな動物が。猫カフェは、フランスでもでき始めていますが、ハリネズミカフェはないのです。

恵理子　：お待ちください、グーグルマップで見てみましょう。（……）それでは「カフェ」と「ハリネズミ」をキーワードに入れて…もちろん日本語で。あ！ 1軒ありますよ。

ニコラ　：歩いて行けますか？

恵理子　：はい、ここから約100メートルのところです。

セリーヌ：おお、すぐ近くですね。

恵理子　：はい、そうです。行きましょうか？

（……）

恵理子　：私は刺されたことはないのですが、いつもこのとげがちょっと怖いのです。

ニコラ　：餌をあげることはできますか？ ところで、何を食べるのでしょうか？

恵理子　：小さな幼虫です。

セリーヌ：それは困るわ！ 乾燥させてあるものですよね？

恵理子　：セリーヌさんにとっては残念なことですが、ここでは生きているものをあげています。でも安心してください。それをする（餌をあげる）にはピンセットを使いますから。

セリーヌ：ピンセットでもねぇ…。

■ 概数の表現

この課の会話にune centaine de mètres（約100メートル）という表現がありました。数字につける接尾辞の-aineと-aireについて確認しましょう。

-aine「約〜」

1. -aineという接尾辞がつけられる数は、次のものに限られる

une huit*aine*	une diz*aine*	une douz*aine*	une quinz*aine*
une vingt*aine*	une trent*aine*	une quarant*aine*	une cinquant*aine*
une soixant*aine*	une cent*aine*	un millier	

注意1 : 10はdixですが、「約10」はune dizaineというつづりになります。

注意2 : -aineは100以下の数について女性名詞を作ります。「約1000」はun millierとなり、男性名詞です。

注意3 : une douzaineは「約12」ではなく、「1ダース」という意味です。

2. dizaine(s), centaine(s), millier(s)について

たとえばune vingtaineとは言えますが、×deux vingtaines, ×trois centainesと言うことはできません。これはdouzaineをのぞく上記1のすべての表現について同じです。douzaine「１ダース」だけは、deux douzaines「24個」、trois douzaines「36個」と言うことができます。

さらに上記1の表現にdesをつけて、×des trentainesということもできませんが、dizaine, centaine, millierは例外で、次の表現があります。

des diz*aines*（数十）	des cent*aines*	des milliers
quelques diz*aines*（数十）	quelques cent*aines*	quelques milliers
plusieurs diz*aines*（数十もの）	plusieurs cent*aines*	plusieurs milliers

3. une ...-aine de ... 「約〜の…」

うしろに〈de + 名詞〉をともなって、「約〜の…」という形でよく使われます。

Il y ***a une trentaine de*** hérissons dans ce café.
このカフェには、約30匹のハリネズミがいます。

注意 : huitaineはjoursと一緒にのみ使われます。Elle arrivera dans ***une huitaine de jours***. 彼女は約8日後（約1週間後）に到着するでしょう。

-aire「約〜歳の人」「〜歳代の人」

-aireという接尾辞がつけられるのは、次の数です。

40 quadragén*aire*	50 quinquagén*aire*	60 sexagén*aire*	
70 septuagén*aire*	80 octogén*aire*	90 nonagén*aire*	100 centen*aire*

注意1 : le centenaireには「100周年」という意味もあります。

注意2 : le bicentenaireは「200周年」という意味です。

注意3 : ×vingtenaireは存在しません。△trentenaireはめったに使いません。

À vous !

左ページを参考にして、フランス語文を完成させましょう。

1) Il y a ______________________ dans ce café. Ils ont été tous adoptés.

このカフェには約30匹の猫がいます。全部保護された猫です。

2) Il y a __________________________ qui visitent ce café à hérissons.

数十人ものお客が、このハリネズミカフェを訪れます。

3) J'ai l'impression que __________________ et __________________ préfèrent les chats aux chiens.

私の印象では、70歳代と80歳代の人たちは、犬より猫の方が好きだと思います。

4) Dans ce restaurant, on commande des huîtres par ________________.

このレストランでは、牡蠣はダース単位で注文します。

5) Ce café à chats attire ________________________________ par an.

この猫カフェは、1年に数千人ものお客をひきつけています。

Infos à picorer

犬の落とし物

フランスにも動物好きな人は多く、犬を飼っている人もたくさんいます。パリの住宅街では、よく犬の糞を歩道上で見かけます。本当は、飼い主が拾って帰らなければならないのですが、守る人が少ないのです。住宅街の歩道を歩いていると、真ん中に落ちている「それ」を前の人が指さしてくれて、注意を促してくれることもあります。「それ」を放置した場合には、本当は罰金が科されます。額は、各自治体が決めることになっています。たとえばパリでは68ユーロです。高級観光地を売りにしている南仏のカンヌでは、フランスで最高額の450ユーロに設定されています。規則によると、道路わきにある側溝以外、たとえば歩道や公園には「それ」を放置してはいけないのだそうです。でも逆に考えると、側溝には放置してもかまわないのですから、日本とはずいぶん違います。なお、道の汚れに関する苦情のトップ3は、ごみ、吸い殻、そして犬の落とし物なのだそうです。

À vous ! 解答

1) Il y a une trentaine de chats dans ce café. Ils ont été tous adoptés.
2) Il y a plusieurs dizaines de clients qui visitent ce café à hérissons.
   * quelquesには「少ない」というニュアンスがありますので、ここでは使えません。
3) J'ai l'impression que les septuagénaires et les octogénéraires préfèrent les chats aux chiens.
4) Dans ce restaurant, on commande des huîtres par douzaines.
5) Ce café à chats attire plusieurs milliers de clients par an.

22 上野にて（1）動物園のパンダ舎

動物好きのセリーヌのために、今日は上野公園のパンダを見に来ています。券売所に並んでやっと入園し、パンダ舎の近くまで来たところで、行列ができていました。

Céline : Cette queue-là[1], c'est pour voir les pandas ? Tout à l'heure[2], on a déjà fait une queue d'**une demi-heure**[3] pour entrer dans le zoo[4].

Eriko : Malheureusement, je dois vous dire que oui. Là-bas, c'est écrit qu'il y a **trois quarts d'heure**[5] d'attente.

Céline : Tant que ça ![6] Bon, tant pis[7], on va quand même faire la queue si vous êtes d'accord.

Nicolas : Comme tu veux.

Eriko : Il faut dire que trois quarts d'heure, ce n'est pas mal[8] parce qu'il y a des journées[9] où c'est bien plus long.

Nicolas : J'ai lu sur Internet l'avis d'un voyageur[10] qui disait que, pour voir les pandas, on nous donne d'abord un ticket qui indique l'heure de visite.

Eriko : Oui, mais cela ne se fait[11] plus maintenant. Et avant ce système de tickets, le parc faisait même un tirage au sort[12] pour choisir les visiteurs parce qu'il y avait vraiment beaucoup de monde qui voulait voir le bébé panda.

Céline : Les bébés animaux sont toujours adorables. Est-ce qu'il y a des zones où on peut toucher des animaux ?

Eriko : Je crois que oui. Je vais vérifier le plan du parc. Euh... oui ! Il y a une zone où vous pouvez caresser[13] des lapins[14] et des marmottes[15]. Mais d'après le dépliant[16], c'est plutôt pour les enfants.

Pour vous aider

1） **queue** 女 : 行列
2） **tout à l'heure** : さきほど
3） **une demi-heure** : 30分（→p.96参照）
4） **zoo** 男 :「動物園」。jardin zoologique の省略。
5） **trois quarts d'heure** :「45分」。15分 un quart d'heure が３つ（→p.96 参照）
6） **tant que ça !** : そんなにたくさん！
7） **tant pis** : しかたない
8） **ce n'est pas mal** : 悪くない、なかなか良い
9） **journée** 女 : 日
10） **avis** 男 **d'un voyageur** : 旅行者の投稿、クチコミ
11） **se faire** : 行われる
12） **tirage** 男 **au sort** : 抽選
13） **caresser** : なでる
14） **lapin** 男 : うさぎ
15） **marmotte** 女 : モルモット
16） **dépliant** 男 :「パンフレット」。brochure 女 とも言う。

セリーヌ：あそこのあの列は、パンダを見るためなのですか？ さきほどすでに、動物園に入るために30分間列に並んだのに。

恵理子：残念ながら、そうですと言わなければなりません。あそこに、待ち時間45分と書いてあります。

セリーヌ：そんなにですか！ しかたがありません、それでも列に並びましょう、もしお二人が同意してくださるなら。

ニコラ：君の好きなようでいいよ。

恵理子：45分間は、まだいいほうですよ。もっとはるかに長い日もありますから。

ニコラ：インターネット上の旅行者の投稿を読んだのですが、それによると、パンダを見るためにはまずチケットが渡されて、そこに見学時間が書いてあるということでした。

恵理子：はい、でも今はもうそれは行われていません。そのチケット制のやり方の前には、見学者を選ぶための抽選まで行われていたことがあるのです。赤ちゃんパンダを見たいという人たちが、本当にたくさんいましたから。

セリーヌ：動物の赤ちゃんは、いつでもかわいいものですよね。（ここには）動物にさわれるコーナーはありますか？

恵理子：あったと思います。公園の地図で確かめてみましょう。えーと、はい！ うさぎやモルモットをなでることができるコーナーがあります。でも、パンフレットによると、どちらかというと子ども向けのようです。

■ 分数などの表現

この課の会話に、une demi-heure（半時間＝30分）、trois quarts d'heure（4分の1時間が3つ＝45分）という言い方がありました。分数などの表現を学習しましょう。

分数（名詞）

1. 分数を表す名詞は、次のとおりです。

   un demi 2分の1　un tiers 3分の1　un quart 4分の1　un cinquième 5分の1

   5分の1以降は、un cinquième, un sixième...のように続きます。

2. tiersとquartは、次のようにも使えます。

   deux ***tiers*** 3分の2　trois ***quarts*** 4分の3

3. tiers以降の分数は、うしろに〈de＋名詞〉を続けることができます。

   Dans cette boutique, ***un tiers des*** articles sont［est］des produits dérivés de panda.

   この店では3分の1の商品がパンダ関連グッズです。

注意：カフェで« ***Un demi***, s'il vous plaît. »と頼むと、約4分の1リットルのビールが出てきます。2分の1リットルではありません。

demi(e)（形容詞）

形容詞のdemiは、名詞の前後で使い方に差があります。

1. 名詞の前ではdemi-という形になります。後ろの名詞が女性名詞でも、×demie-ではなく、demi-という形のままです。

   un ***demi***-litre 半リットル　une ***demi***-heure 半時間

2. 名詞の後ろにつく時は、etをともない、名詞と一致します。

   un litre ***et demi*** 1.5リットル　une heure ***et demie*** 1時間半

moitié（女性名詞）

上で学習したun demiは分数のイメージが強いのですが、「半分」という意味を持つ名詞にmoitié 女があります。

La ***moitié*** de ces gens n'ont［n'a］jamais vu de pandas.

これらの人々の半数が、今までパンダを見たことがないのです。

pour cent（パーセント）

1. 複数のパーセンテージでも、centにsはつけません。

   dix ***pour cent*** 10％

2. うしろに〈de＋名詞〉を続けることができます。

   99 % des visiteurs viennent voir les pandas. 来場者の99％がパンダを見に来ます。

À vous !

左ページを参考にして、フランス語文を完成させましょう。

1） J'ai peut-être acheté trop de produits panda. C'est lourd. Tu peux en prendre ______________ ?

もしかして、パンダグッズを買いすぎちゃったかもしれない。重いわ。これ半分持ってくれる？

2） On a de la chance ! Aujourd'hui, il y a seulement ______________ d'attente.

ラッキーですよ！今日はたったの15分待ちです。

3） Pour acheter des tickets pour entrer, il faut attendre ______________.

入場券を買うためには、たっぷり30分は待たなくてはなりません。

4） Ce bébé panda pèse ______________.

この赤ちゃんパンダは、3キロ半の重さです。

5） Dans la nourriture des pandas, l'éleveur a ajouté ______________ de sucre de canne.

パンダの餌の中に、飼育員は2匙半のきび砂糖を加えました。

Infos à picorer

フランスにもパンダはいます！

フランスには3頭のパンダがいます。場所はパリの南西にあるLoir-et-Cher県（ロワール川のお城が立ち並ぶあたりです）の、le ZooParc de Beauvalという動物園です。お父さんパンダの名前はYuan Zi、お母さんパンダはHuan Huanで、2頭は2012年フランスに到着しました。到着時はジャーナリストだけでなく政治家も空港に出迎えにいったそうです。

そして、2頭の間に待望の赤ちゃん（雄）が2017年8月に生まれました。生まれた当初の体重は143グラムで、最初の1か月はお父さんの名前からMini Yuan Ziと呼ばれていましたが、そののちにYuan Mengという正式名称がつけられました。2019年の2歳の誕生日には、特別ケーキによる盛大な誕生会が行われたそうです。

À vous ! 解答

1) J'ai peut-être acheté trop de produits panda. C'est lourd. Tu peux en prendre la moitié ?
2) On a de la chance ! Aujourd'hui, il y a seulement un quart d'heure d'attente.
3) Pour acheter des tickets pour entrer, il faut attendre une bonne demi-heure.
4) Ce bébé panda pèse trois kilos et demi.
5) Dans la nourriture des pandas, l'éleveur a ajouté deux cuillères et demie de sucre de canne.

23 上野にて（2）エキナカで買い物①

動物園の見学を終えて、３人は上野駅のエキナカに移動しました。

Céline : Maintenant qu'on[1] a bien profité de[2] la visite et des pandas, j'aimerais bien acheter quelques souvenirs avec des pandas.

Eriko : Dans ce centre commercial[3] de la gare, il y a plein de produits dérivés[4] comme des gâteaux, des pets de nonne, de la crème renversée[5]. Il y a même des macarons.

Céline : Des macarons ? Je voudrais bien en[6] acheter, mais ils ne tiennent pas longtemps[7] et je dois les rapporter en France, donc je ne peux pas. Et là ? Qu'est-ce que c'est, ces pancakes avec un dessin de panda dessus ?

Eriko : Ce sont des « dorayaki ». Il y a de la pâte[8] de haricots rouges[9] sucrée[10] entre les deux pancakes.

Céline : Cette pâte, je l'ai déjà goûtée[11]. Mais je dois vous avouer[12] que je ne suis pas tellement fan[13]. Et à côté, ces petits gâteaux ronds ?

Eriko : Là-dedans[14], il y a de la crème anglaise[15].

Céline : S'il y a de la crème anglaise, je ne peux pas en acheter non plus.

Eriko : Et des biscuits ?

Céline : Oui ! Bonne idée !

Eriko : Sur l'étiquette[16], c'est écrit : « à consommer de préférence avant[17] le 1er décembre ».

Pour vous aider

1) **Maintenant que ... :** さて〜なので、今度は〜
2) **profiter de ... :** 〜を楽しむ
3) **centre** 男 **commercial :** ショッピングセンター
4) **produit** 男 **dérivé :** 関連グッズ
5) **crème** 女 **renversée :** プリン
6) **en :** マカロンを指す代名詞
7) **ils ne tiennent pas longtemps :** 日持ちがしない
8) **pâte** 女 **:** ペースト状のもの
9) **haricot** 男 **rouge :**「赤いインゲン豆、小豆」。有音の**h**なので、前の**de**とのエリジョンはおきない。
10) **sucré(e) :** 甘い
11) **goûter :** 味見をする
12) **avouer :** 告白する
13) **être fan (de ...) :**（〜が）大好きだ
14) **là-dedans :** その中には
15) **crème** 女 **anglaise :** カスタードクリーム
16) **étiquette** 女 **:** ラベル
17) **à consommer de préférence avant ... :** 〜までに消費するのが望ましい

セリーヌ：さて、見学とパンダを十分に楽しんだので、今度はパンダのついたお土産をいくつか買いたいのですが。
恵理子　：駅のこのショッピングセンターには、たくさんの関連グッズがあります。たとえば、お菓子、ドーナツ、プリンなど。マカロンもありますよ。
セリーヌ：マカロンですか？ ぜひ買いたいのですが、マカロンは日持ちがしませんし、フランスに持って帰らなければならないので、買うことはできません。あ、あれは？上にパンダの絵がついたあのパンケーキは何ですか？
恵理子　：「どらやき」です。甘い小豆のペーストが、あの2つのパンケーキの間に入っているのです。
セリーヌ：そのペーストなら、すでに味見をしたことがあります。でも、小豆のペーストはあまり好きではないんですよ。それでは、横にあるあの小さな円形のお菓子は？
恵理子　：あの中には、カスタードクリームが入っています。
セリーヌ：カスタードクリームが入っているのならば、それもやっぱり買うことはできません。
恵理子　：ビスケットはどうですか？
セリーヌ：そうですね！ 良いアイディアです！
恵理子　：ラベルには、こう書いてあります。「12月1日までに消費するのが望ましい」

■ 否定表現

初級文法で学習する否定表現には、ne ... pas, ne ... plus, ne ... rien, ne ... personne, ne ... jamais があります。この課では、それ以外の否定表現について学習しましょう。

ne ... aucun(e)

1. ne ... aucun(e) + 名詞「いかなる～も～ではない」

うしろに名詞が続いている場合、aucun(e) は形容詞で、その名詞に一致します。動詞は常に単数形です。

C'est bizarre ! Il ***n'***y a ***aucun*** produit dérivé de panda dans cette boutique.
変ですね！ この店にはパンダのいかなる関連グッズもありません。

2. ne ... aucun(e)「誰一人として～でない」「どれひとつとして～でない」

うしろに名詞が続いていない場合、aucun(e) は代名詞で、物と人の両方をさせます。動詞は常に単数形です。

Des produits dérivés de panda ? Il ***n'***y en a ***aucun*** dans cette boutique.
パンダの関連グッズですか？ この店にはひとつもありません。

ne ... nulle part「どこにも～でない」

nul は形容詞ですので、part 囡 に一致して女性形になります。

Céline a cherché partout des pendentifs panda pour sa nièce. Mais elle ***n'***en a trouvé ***nulle part***.
セリーヌは姪のために、パンダのペンダントをあちらこちらで探しました。でも、どこにもありませんでした。

■ 否定表現のコンビネーション（1）

否定表現は、組み合わせることができます。

1. ne ... plus + rien「もうこれ以上何も～でない」

［お土産をねだる姪に］Ne pleure pas comme ça ... Je ***n'***ai ***plus rien*** à te donner.
そんなに泣かないで。もうこれ以上あげる物は何もないのよ。

2. ne ... jamais rien ... de ...「～なものは、いまだかつて何も～ない」

［とてもかわいいパンダのぬいぐるみを手にとって］Je ***n'***ai ***jamais rien*** vu ***d'***aussi mignon.
こんなにかわいいものは、いまだかつて何も見たことがないわ。

3. ne ... plus jamais rien「これ以上もう決して何も～しない」

Je ***ne*** te dis ***plus jamais rien*** parce que tu ne m'écoutes jamais.
もうこれ以上は決して何も君に言わないことにするよ。だって、ぼくの話を絶対に聞かないんだから。

否定表現のコンビネーションは、次の課でも学習します。

À vous !

左ページを参考にして、フランス語文を完成させましょう。

1） Il ______________________ dans le frigo à part ce lait déjà périmé.

期限が切れたこの牛乳以外は、冷蔵庫の中にはもう何もありません。

2） ______________________ ne me semble bien pour rapporter en France. On va chercher ailleurs.

これらのお菓子のどれひとつとして、フランスに持って帰るのに向いていません。他をあたりましょう。

3） C'est délicieux, ce gâteau. Je ______________________ aussi bon.

このお菓子はとてもおいしいです。こんなにおいしいものは、今まで1度も食べたことがありません。

4） La Date Limite d'Utilisation optimale ______________________ sur ce paquet.

賞味期限は、この包みのどこにも記載されていません。

5） J'ai acheté beaucoup de produits Pokémon pour Enzo. S'il ne me dit pas merci, je ______________________.

エンゾーのためにたくさんのポケモングッズを買ってあげたわ。もしお礼を言わなかったら、もう決して何も彼には買ってあげません。

Infos à picorer

マカロンの歴史

マカロンの起源はアラブ世界だと言われています。それがイタリアに伝わり、フランスに持ち込んだのは、のちのフランス王アンリ2世に嫁いだカトリーヌ・ド・メディシスとのことのです。美食家であったカトリーヌは、その時に多くの料理人とレシピをフランスに持ってきて、その中にマカロンがあったそうです。当時のマカロンは、アーモンド、砂糖、卵白で作られており、その形は単なるビスケット状でした。その後、マカロンは各地方に広まり、いろいろな作り方がされるようになりました。日本で有名な形のマカロンが登場したのは、1830年のパリで、2つの生地の間にジャムをはさむタイプが生まれました。

À vous! 解答

1) Il <u>n'y a plus rien</u> dans le frigo à part ce lait déjà périmé.
2) <u>Aucun de ces gâteaux</u> ne me semble bien pour rapporter en France. On va chercher ailleurs.
3) C'est délicieux, ce gâteau. Je <u>n'ai jamais rien mangé d'</u>aussi bon.
4) La Date Limite d'Utilisation optimale <u>n'est indiquée nulle part</u> sur ce paquet.
5) J'ai acheté beaucoup de produits Pokémon pour Enzo. S'il ne me dit pas merci, je <u>ne lui achète plus jamais rien</u>.

24 上野にて（3）エキナカで買い物②

上野駅のエキナカでの買い物が続いています。お菓子を買ったセリーヌは、今度は親戚の子どもたちへのお土産をさがしています。

Céline : Si on a encore du temps[1], je voudrais acheter des cadeaux pour ma nièce[2].

Eriko : Très bien. On a encore plein de[3] temps. Elle a quel âge, votre nièce ?

Céline : 3 ans. Comme elle est encore petite, je pense qu'un petit panda en peluche[4] lui ira bien[5].

Eriko : Des pandas en peluche ? Mais il y en a de toutes sortes[6] ici ! C'est par là[7].

（３人は、パンダのぬいぐるみ売り場にいます）

Eriko : Vous en[8] voulez un grand ou un petit ?

Céline : Elle aimerait bien en[8] avoir un grand, mais je suis obligée d'en[8] acheter un petit parce que ma valise[9] est déjà assez pleine[10].

Eriko : Très bien. Là, vous avez ceux à quatre pattes[11] et là, ceux qui sont assis.

Céline : Je trouve ceux qui sont assis plus mignons. Qu'est-ce que tu en penses[12], toi ?

Nicolas : Je suis tout à fait de ton avis[13].（こっそりと恵理子に向かって）De toute façon[14], elle ne m'écoute jamais.

Eriko : （笑いながら）Je vous comprends.

Céline : Je vous entends, tous les deux ! Bon, je prends celui-ci avec cette boule à neige[15] qui est là. Elle va être contente, ma nièce.

Pour vous aider

1）**On a encore du temps. :**「まだ時間はある」。部分冠詞**du**を使った場合は、何をする時間があるのかは特定していない。**On a encore le temps.** と言った場合は、「それをする時間はまだある」という意味になる。

2）**nièce** 女 **:** 姪

3）**plein de ... :** たくさんの〜

4）**en peluche :** ぬいぐるみの

5）**aller bien à + 人 :** 〜に合う

6）**il y en a de toutes sortes :**「いろいろな種類がある」。代名詞**en**はパンダのぬいぐるみを指す。

7）**par là :** あちらの方に

8）**en :** un grand panda, un petit pandaのpandaを指す代名詞

9）**valise** 女 **:** 旅行かばん、スーツケース

10）**plein(e) :** いっぱい詰まった

11）**ceux à quatre pattes :** 四つ足の状態のそれ（パンダのぬいぐるみ）

12）**Qu'est-ce que tu en penses ? :** このことについて、どう思う？

13）**être de l'avis de + 人 :** 〜の意見に同意する

14）**de toute façon :** いずれにせよ

15）**boule** 女 **à neige :** スノードーム

セリーヌ：もしまだ時間があるならば、姪のためにお土産を買いたいのですが。

恵理子　：大丈夫ですよ。まだ時間はたくさんあります。姪御さんはおいくつですか？

セリーヌ：3歳です。まだ小さいので、パンダのぬいぐるみがよいのではないかと思います。

恵理子　：パンダのぬいぐるみですか？　それならば、ここにはいろいろな種類がありますよ！　あちらのほうです。

（……）

恵理子　：大きいのがよろしいですか、小さいのがよろしいですか？

セリーヌ：姪は大きいのを欲しがると思いますが、スーツケースがすでにかなり一杯なので、小さいのを買わなくてはなりません。

恵理子　：承知いたしました。あそこには四つ足でいるパンダがありますし、あちらには座っているパンダがあります。

セリーヌ：座っているものの方が、かわいいと思います。あなた、どう思う？

ニコラ　：君の意見に完全に同意するよ。（……）いずれにせよ、彼女は私の話なんか絶対に聞かないんですよ。

理子　　：（……）わかります。

セリーヌ：お二人とも、聞こえていますよ！　じゃあ、これを買います。あそこにあるスノードームと一緒に。姪は喜んでくれるでしょう。

■ 否定表現のコンビネーション（2）

1. Personne ne ... jamais ...「誰も決して〜でない」

En 2019, un panda tout blanc a été photographié. Avant, ***personne n'***avait ***jamais*** vu un tel panda.

2019年、真っ白なパンダが撮影されました。それ以前は、誰もそのようなパンダは決して見たことがありませんでした。

2. Plus personne ne ...「それ以降は誰も〜しない」

Après l'apparition de la boule à neige en plastique, ***plus personne n'***a fabriqué de boules en verre.

プラスチックのスノードームが登場して以降は、だれもガラスの球を作らなくなりました。

3. ne ... plus jamais nulle part「それ以降は決してどこにも〜ない」

Voici une boule à neige qui date du XIXe siècle. Vous ***n'***en verrez ***plus jamais*** comme ça ***nulle part***.

19世紀のスノードームです。このような物には、これ以降は決してどこでもお目にかかれませんよ。

■ 理由を表す接続詞 : puisque, parce que, comme, car

1. puisque と parce que

puisqueは相手がすでに知っている事や、自明の理を理由として言う時に使います。したがって、主節より前に出ることが多いです。parce queにはこのような特別なニュアンスはありません。

Puisque la boule à neige était quelque chose de sensationnel à cette époque, elle s'est vite répandue dans le monde entier.

当時、スノードームはセンセーショナルなものだったので、（当然のように）世界中に一気に広まりました。

2. comme

相手がすでに知っている事を理由として言う時に使います。主節より前で使います。

Comme on peut voir la neige tomber du début à la fin, on peut dire que la boule à neige représente une petite scène en soi.

（ご存知のように）雪が降るのを最初から最後まで見ることができるので、スノードームはそれ自身の中にちょっとしたシーンを実現していると言えます。

3. car

文学的な表現です。主節より前で使うことはしません。

Pierre Boirre a participé à l'exposition universelle en 1878 ***car*** elle faisait appel aux artisans du monde entier.

ピエール・ボワールは1878年に万国博覧会に参加しました。博覧会が、世界中の職人たちを呼び集めていたからです。

À vous !

左ページを参考にしながら、フランス語文を完成させましょう。

1） Cette boule à neige est en verre, donc elle est fragile. Je veux que ________________ la touche.

このスノードームはガラス製ですから、壊れやすいのです。もうこれ以上は、誰もこれにさわらないでください。

2） Ueno est mon quartier favori. Je ________________________.

上野は私のお気に入りの街です。これ以降は、決してどこにも引っ越すことはありません。

3） ____________ le centre commercial de la gare d'Ueno est assez grand, vous y trouverez tout ce qu'il vous faut.

上野駅のショッピングセンターはかなり大きいので、必要な物はすべてここで見つかりますよ。

4） Avant Pierre Boirre, ____________________ eu l'idée de créer une scène dans une si petite boule.

このように小さな球の中にひとつのシーンを作ろうという考えを持った人は、ピエール・ボワール以前には決してひとりもいませんでした。

Infos à picorer

スノードーム

世界初のスノードームboule à neige（雪合戦で作る雪の塊はboule <u>de</u> neige）は、1878年のパリ万国博覧会で登場しました。この博覧会には、世界中から52,000人もの職人や技術者が集まり、自分たちの自慢の作品を披露しました。その中に、Lilasという町のガラス工房のPierre Boirreがおり、彼がペーパーウェイトとしてスノードームを出品したのです。その作品は、ガラス球の中に傘をさした男性がいて、中に白い粉が入っているものでした。小さなガラス球の中で、ひとつのシーンを実現できるというこのアイディアは、世界中に広まり、今では上野のパンダに至るまでいろいろなスノードームが考案されています。

À vous ! 解答

1) Cette boule à neige est en verre, donc elle est fragile. Je veux que <u>plus personne ne</u> la touche.
2) Ueno est mon quartier favori. Je <u>ne déménagerai plus jamais nulle part</u>.
3) <u>Comme [Puisque]</u> le centre commercial de la gare d'Ueno est assez grand, vous y trouverez tout ce qu'il vous faut.
4) Avant Pierre Boirre, <u>personne n'avait jamais</u> eu l'idée de créer une scène dans une si petite boule.

25 新幹線に乗る（1）荷物を棚に載せる

週末、3人は新幹線で関西に向かいます。

25

Nicolas : Eriko, s'il vous plaît, qu'est-ce qu'on fait avec nos valises à roulette[1)] ? On peut les laisser dans le couloir[2)] ?

Eriko : Non, on va éviter[3)]. Comme nos valises ne sont pas tellement grandes, je pense qu'on peut les[4)] mettre sur le porte-bagages[5)] au-dessus des sièges[6)].

Nicolas : D'accord, je vais d'abord mettre la vôtre[7)].

（3人の荷物を棚に乗せ終わって）Ouf[8)] ! Ça y est[9)] !

Eriko : Si on avait une plus grande valise, il faudrait réserver au préalable[10)] des places spéciales un peu plus chères avec un espace[11)] réservé aux[12)] valises. Vous voyez ces places, là, au fond du wagon ?

Nicolas : Ah, je vois. Et si on a une grande valise et qu'on utilise ces espaces sans avoir fait de réservation, qu'est-ce qui se passe ?

Eriko : Je suppose que le contrôleur[13)] va nous demander de payer des frais supplémentaires[14)] pour entreposer[15)] la valise quelque part.

Nicolas : Je vois.

Eriko : Allez ! Mettez-vous à l'aise[16)], c'est un siège inclinable[17)].

Pour vous aider

1）**valises** 女 **à roulette** : キャリーケース
2）**couloir** 男 : 通路
3）**éviter** : 控える、避ける
4）**les** : スーツケースを指す代名詞
5）**porte-bagages** 男 : 荷物用の棚
6）**siège** 男 : 座席
7）**la vôtre** :「あなたのもの」。所有代名詞。ここではvotre valise 女を指している。
8）**Ouf !** :「ふう！」「やれやれ！」。安堵した時に出る言葉。
9）**Ça y est !** : できましたよ！
10）**au préalable** : 前もって
11）**espace** 男 : スペース・場所
12）**réservé(e) à ...** : 〜専用の
13）**contrôleur, contrôleuse** : 車掌
14）**frais** 男 **supplémentaire** : 追加の料金
15）**entreposer** : 置く
16）**Mettez-vous à l'aise.** :「くつろいでください」。se mettre à l'aise（くつろぐ）の命令形
17）**inclinable** : リクライニング

ニコラ ：恵理子さん、キャリーケースはどうすればよいのでしょうか？　通路にこのまま置いてもいいのですか？
恵理子 ：いえ、それは控えましょう。私たちのスーツケースはそんなに大きくないので、座席の上にある荷物用の棚に置くことができると思います。
ニコラ ：わかりました、まず恵理子さんのスーツケースを乗せますよ。
（……）ふう！　できました！
恵理子 ：もしもっと大きなスーツケースを持っていたなら、前もって特別な席を予約する必要があります。料金が少し高くて、荷物専用のスペースがついている席です。ほら、車両の奥にあるあの席が見えますか？
ニコラ ：ああ、わかりました。もし大きなスーツケースを持っていて、予約せずにあの場所を使ったら、どうなるのですか？
恵理子 ：車掌さんが来て、どこかにスーツケースを置くために追加料金を払うように言われるのだと思います。
ニコラ ：わかりました。
恵理子 ：さあ！おくつろぎください、これはリクライニングシートですよ。

■ 前置詞によって意味が変わる動詞（1）：décider

1. 主語（人・組織など）＋ décider de ＋不定詞

「～は～することを決める」という意味です。

*J'**ai décidé de** réserver* une place un peu chère avec un espace pour y mettre ma valise.

自分のスーツケースを置くために、スペースつきの少し高い座席を予約することに決めました。

2. 主語（できごとなど）＋ décider ＋人＋ à ＋不定詞

「～が～に、～することを決心させる」という意味です。

*L'afflux de vacanciers **m'a décidé à** faire* une réservation longtemps à l'avance.

旅行客の殺到が、だいぶ前に予約をすることを私に決心させました。

■ 前置詞によって意味が変わる動詞（2）：demander

1. demander à ＋人＋ de ＋不定詞

「～に～することを頼む」という意味です。

Le contrôleur ***a demandé à** un voyageur **de** payer* des frais supplémentaires.

車掌は乗客に、追加料金を支払うように求めました。

2. 主語（人）demander ＋ à ＋不定詞

「～が～したいと言う」という意味です。

Un voyageur ***demande à** mettre* sa valise dans le couloir.

乗客が、通路に自分のスーツケースを置きたいと言っています。

■ apporter / emporter ＋物

apporterは、話し手のいる所に「物を持って来る」、または聞き手のいる所に「物を持って行く」という時に使います。

– Tu peux m'***apporter** ma valise* qui est au fond du wagon ?

車両の奥にある私のスーツケースを、（話し手である）私のところに持って来てくれる？

– Je te *l'**apporte*** tout de suite.

［車両の奥から］「（聞き手である）君のところにすぐにこれを持って行くよ」

これに対しemporterは、話し手または聞き手のいる場所から、「物を持ち去る」「持って行く」時に使います。その証拠に、飲食店のテイクアウト（食べ物を持ち去ること）は、À emporterといいます。

J'espère que personne ne va ***emporter** ma valise* qui est au fond du wagon.

車両の奥にある私のスーツケースを、誰も持ち去らないことを願うわ。

À vous !

左ページを参考にして、フランス語文を完成させましょう。

1） Une dame d'un certain âge ______________________________ sa valise sur le porte-bagages.

年配のご婦人が、荷物用の棚に自分のスーツケースを乗せるように男性に頼んでいます。

2） J'______________ des sushis. On va les manger dans le Shinkansen !

お寿司を持って来ましたよ。新幹線の中で食べましょう！

3） Je ne __________ qu'____________ tranquille dans le train.

私が求めているのは、列車内では落ち着きたいということだけです。

4） Je ____________________ une de ces brochures avec des photos du mont Fuji ?

富士山の写真があるこのパンフレットを、1枚持って行ってもよろしいでしょうか？

5） L'embouteillage estival des autoroutes ______________________ le train au lieu de leur voiture.

夏の高速道路の渋滞が、休暇の旅行客に、マイカーではなく電車を使う決心をさせました。

Infos à picorer

キャリーケースと石畳

キャスターroulette 女 のついたキャリーケースvalise 女 à rouletteは旅行の時に便利ですが、フランスには石畳 pavé 男 の道が多いので、その上を引っ張る時は苦労します。音をたてながら勢いよく引っ張っている人もいますが、キャスター部分は大丈夫なのでしょうか。さて、この石畳ですが、よくない使われ方がされることがあります。それは、デモmanifestation 女 に紛れて行われる暴動émeute 女 の時です。あの石畳はハンマーでたたくと、意外と簡単にばらばらになります。ばらばらになった１つ１つの石の塊は、なんと投げるのにちょうどよい重さと大きさなのです。これを悪用し、暴徒émeutier, émeutièreが治安部隊に向かって、またはショーウィンドウに向かって石を投げるのです。

À vous ! 解答

1) Une dame d'un certain âge demande à un monsieur de mettre sa valise sur le porte-bagages.
2) J'ai apporté des sushis. On va les manger dans le Shinkansen !
3) Je ne demande qu'à être tranquille dans le train.
4) Je peux emporter une de ces brochures avec des photos du mont Fuji ?
5) L'embouteillage estival des autoroutes a décidé les vacanciers à prendre le train au lieu de leur voiture.

26 新幹線に乗る（2） 富士山を望む

新幹線が東京駅を発車し、30分ほど経ちました。

Nicolas：Si vous me le permettez[1], je vais peut-être faire une petite sieste[2] maintenant.

Eriko：Si vous voulez. Mais vous savez, bientôt, on va voir le mont[3] Fuji par la fenêtre[4].

Nicolas：Le mont Fuji ? La montagne qui est inscrite[5] au patrimoine mondial de l'UNESCO[6] ?

Eriko：Oui, c'est pour ça que[7] j'ai réservé les places à droite du couloir. On va voir le mont Fuji sur notre droite[8].

Nicolas：Oh, merci, c'est bien gentil.

（富士山が見えてきました）

Nicolas：Qu'elle est belle, cette montagne[9] !

Eriko：Ce qui est remarquable, c'est qu'elle[10] a une belle forme symétrique[11]. En automne, quand elle est couronnée de neige[12], c'est vraiment hallucinant[13].

Nicolas：Et puis, on la voit très bien de loin[14] puisqu'elle n'est pas entourée de[15] montagnes comme le Mont-Blanc.

Eriko：Vite, vite ! On n'a que quelques minutes pour prendre des photos.

Céline：Nicolas, colle ton smartphone contre[16] la fenêtre ! Sinon, il y aura le reflet[17] du verre sur les photos.

Pour vous aider

1）**Si vous me le permettez** : もしお許しいただけるのであれば
2）**sieste** 女 : 昼寝
3）**le mont ...** : ～山
4）**par la fenêtre** : 窓越しに
5）**est inscrite** : inscrire（登録する）の受動態
6）**patrimoine mondial de l'UNESCO** : ユネスコ世界遺産
7）**c'est pour ça que ...** : それが理由で～だ
8）**sur notre droite** : 右手に
9）**Qu'elle est belle, cette montagne** : Queで始まる感嘆文
10）**Ce qui est 形容詞, c'est que ...** : ～（形容詞）なのは、～ということだ
11）**symétrique** : 左右対称の
12）**être couronné de neige** : 山頂が雪におおわれる
13）**hallucinant(e)** : 驚くべき
14）**de loin** : 遠くから
15）**être entouré(e) de ...** : ～に取り囲まれる
16）**coller A contre B** : AをBにぴったりとつける
17）**reflet** 男 : 反射の光

ニコラ：さしつかえなければ、今からちょっと昼寝をしようかと思います。
恵理子：どうぞご自由になさってください。でも実は、もうしばらくすると、窓から富士山が見えるのですが。
ニコラ：富士山ですか？ ユネスコの世界遺産に登録された山ですよね？
恵理子：はい。そのために、通路の右側の席を予約したのです。右手にもうすぐ富士山が見えますよ。
ニコラ：ああ、お心遣いありがとう。
（……）
ニコラ：あの山はなんて美しいのだろう！
恵理子：素晴らしいのは、富士山が美しい左右対称形になっていることなのです。秋に冠雪すると、本当に驚くほどの美しさです。
ニコラ：それに、モンブランのように山に囲まれていないので、遠くからでもとてもよく見えますね。
恵理子：早く、早く！写真を撮れるのは、ほんの数分ですよ。
セリーヌ：ニコラ、あなたのスマホを窓にぴったりくっつけて！ そうでないと、窓ガラスの反射が写真に写り込んでしまうわよ。

■〈形容詞＋不定詞〉の構文

1. Il est 形容詞 + de 不定詞

主語は非人称のIlで、会話では〈C'est 形容詞 + de 不定詞 〉という表現も使われます。「〜するのは、〜だ」という意味です。非人称構文の時は、形容詞のあとに前置詞de、そして不定詞を続けてください。

Si on a une place à gauche du couloir, ***il est*** *difficile* ***de*** *prendre* une belle photo du mont Fuji.
もし通路の左側の座席だと、富士山の良い写真をとるのは難しいのです。

2. 形容詞 + à 不定詞

まず例文から見てください。

Les places à droite du couloir sont *difficiles* ***à*** *réserver* pendant la haute saison.
通路右側の座席は、ハイシーズン中は予約するのが難しいです。

On a la chance d'avoir les places à droite du couloir *difficiles* ***à*** *réserver* pendant la haute saison.
ハイシーズンには予約するのが難しい通路右側の座席がとれて、ラッキーです。

どちらの例文もdifficiles à réserver pendant la haute saisonといういわば長い形容詞句が、les places à droite du couloirを修飾しています。このように「〜するのが〜（形容詞）な」という表現の時は、形容詞のあとに前置詞à、そして不定詞を続けます。

＊通路右側の窓に富士山が見えるのは、東京から大阪方面に向かっている時です。

■ 前置詞の有無によって意味が変わる動詞：changer（1）

1. changerのみ

changerが目的語をとらない場合、つまり自動詞として使われる時は「変わる」という意味です。

La situation ***a changé*** au mont Fuji. Maintenant il y a beaucoup de touristes étrangers.
富士山の状況は変わりました。今ではたくさんの外国人観光客がいます。

2. changer A

changerに前置詞なしで名詞が続く場合は「〜を変える」という意味です。

Ce magasin de souvenirs ***a changé*** *ses horaires*. Il est ouvert jusqu'à 9 heures du soir maintenant.
この土産物店は営業時間を変えました。今では夜の9時まで開いています。

À vous !

左ページを参考にして、フランス語文を完成させましょう。

1） C'est facile ________________, mais difficile ________________.

言うのは簡単だが、行うのは難しい。言うは易く行うは難し。

2） Depuis qu' elle a décidé d' être maiko, elle ____________________.

舞妓になると決めて以降、彼女はとても変わりました。

3） L'afflux de touristes ____________________ l'ambiance de cette ruelle.

観光客の殺到が、この路地の雰囲気を変えました。

4） Le trajet de Tokyo à Osaka en 1 heure, c'est un projet impossible ____________________.

東京と大阪を1時間にする、これは実現が不可能な計画です。

5） Il est raisonnable ____________________ des frais supplémentaires à ceux qui veulent entreposer une grande valise dans le train.

列車内に大きなスーツケースを置くことを希望する人たちに追加料金を支払ってもらうのは、妥当なことです。

Infos à picorer

モンブランは伸び縮みする？

ヨーロッパでもっとも高い山モンブランは、2年に1回測量が行われます。山頂に複数の機器を置き、それが衛星から発せられるGPSの信号を受信することによって、高さを測るのだそうです。実はモンブランの山頂の岩肌は標高4792mの所にあります。しかし、その上には氷や雪が積もっています。ですから、雪がたくさん降り、それを吹き飛ばす風が少なければ、モンブランの高さは高くなります。もし雪質がさらさらしていて、積み重なりにくければ、高さは低くなります。さらには、登山者たちがどのように雪を踏みしめたかにも影響されるのだそうです。モンブランがもっとも低かった（？）のは1863年の4807m、もっとも高かった（？）のは2007年の4810.90mだそうです。

À vous ! 解答

1) C'est facile à dire, mais difficile à faire.
2) Depuis qu'elle a décidé d'être maiko, elle a beaucoup changé.
3) L'afflux de touristes a changé l'ambiance de cette ruelle.
4) Le trajet de Tokyo à Osaka en 1 heure, c'est un projet impossible à réaliser.
5) Il est raisonnable de faire payer des frais supplémentaires à ceux qui veulent entreposer une grande valise dans le train.

27 京都にて　禁止事項の説明

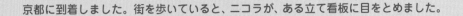

京都に到着しました。街を歩いていると、ニコラが、ある立て看板に目をとめました。

27

Nicolas : Qu'est-ce qu'il dit, ce panneau[1], là ?

Eriko : Il dit : « interdit de[2] manger dans la rue ».

Nicolas : Ah ? Au Japon, il ne faut pas manger dans la rue ? Je ne le savais pas[3].

Eriko : Eh bien, je sais qu'en France, vous achetez un sandwich par exemple, et que[4] vous pouvez le[5] manger devant la boulangerie ou dans la rue en marchant[6]. Mais au Japon, c'est mal vu[7].

Nicolas : Ah bon, c'est une différence culturelle.

Céline : Et ce panneau-là, je comprends bien ce que ça veut dire: « défense de[8] fumer ».

Nicolas : Ici, on ne peut pas fumer dans la rue non plus ?

Eriko : Dans beaucoup de grandes villes comme Kyoto, la municipalité[9] interdit aux gens de[10] fumer dans la rue.

Nicolas : Et où est-ce qu'on peut fumer alors ?

Eriko : Il y a des coins fumeurs[11] normalement[12] indiqués en[13] anglais : « smoking area ».

Céline : Et c'est vrai qu'on ne peut pas prendre les maiko en photo[14] ?

Eriko : Oui, quand elles sont maquillées[15] comme ça et habillées en beau kimono, elles sont au travail. Donc elles préfèrent qu'on ne les[16] arrête pas pour les photographier[17]. Vous voyez ?

Pour vous aider

1）**panneau** 男 : 看板、掲示板
2）**interdit de + 不定詞** : ～することは禁止
3）**Je ne le savais pas.** : 「そのことは知りませんでした」。半過去を使う。
4）**que** : 1行前の**je sais que ...**の**que**が繰りかえされている
5）**le** : 買ったサンドイッチを指す代名詞
6）**en marchant** : 「歩きながら」。marcherのジェロンディフ。
7）**c'est mal vu** : 悪く見られている
8）**défense de + 不定詞** : ～することは禁止
9）**municipalité** 女 : 市町村の当局
10）**interdire à + 人 + de + 不定詞** : 人に対して～することを禁じる
11）**coin** 男 **fumeur** : 喫煙コーナー
12）**normalement** : 通常は
13）**indiqués en ...** : ～語で示された
14）**prendre + 人 + en photo** : ～の写真を撮る
15）**maquillé(e)** : お化粧をした
16）**les** : 舞妓を指す代名詞
17）**photographier+ 人** : ～の写真を撮る

ニコラ ：あの看板は何と書いてあるのですか？
恵理子 ：「道で（物を）食べることは禁止」と書いてあります。
ニコラ ：へぇ？　日本では、道で（物を）食べてはいけないのですか？　それは知りませんでした。
恵理子 ：ええ、フランスでは、例えばサンドイッチを買って、それをパン屋さんの前や歩きながら道で食べることができるのですよね。でも日本では、それは良くないこととされているのです。
ニコラ ：そうなのですね、文化の差ですね。
セリーヌ：あちらの看板なら、何を意味しているのか私もよくわかりますよ。喫煙の禁止ですよね。
ニコラ ：ここでは、道での喫煙もできないのですか？
恵理子 ：京都のような大きな都市の多くで、その自治体が人々に対して道での喫煙を禁じているのです。
ニコ ：それでは、どこで喫煙すればよいのでしょうか？
恵理子 ：喫煙コーナーがあって、通常は英語でsmoking areaと表示されています。
セリーヌ：舞妓さんの写真を撮れないというのは、本当ですか？
恵理子 ：はい。あのようなお化粧をして立派な着物を着ている時、彼女たちは仕事中なのです。ですから、写真を撮るために制止されるのは好みません。おわかりになりますでしょうか。

■ 前置詞の有無によって意味が変わる動詞：changer（2）

1. changer A en B

「AをBに変える」という意味で、別の物に取り換えるのではなく、AをBに変化させる時によく用いられます。

L'arrivée des touristes étrangers ***a changé*** *ce petit village* ***en*** *une grande ville touristique.*

外国人観光客の到来は、この小さかった村を大きな観光の街に変貌させました。

ただし両替の時にも使います。

Il ***a changé*** des euros ***en*** yens.　彼は、ユーロを円に両替しました。

＊ Il *a changé* des euros *contre* des yens. も可。

2. changer de + 無冠詞の名詞単数形

「乗り換える」「着替える」「転職する」など、同種の別のものに移行する場合に使います。

Pour venir à Kyoto, ils ***ont changé de*** *train* à Nagoya.

京都に来るために、彼らは名古屋で電車を乗り換えました。

Cette maiko ***vient de changer de*** *kimono* pour aller au travail.

この舞妓さんは、仕事に行くために着物を着換えたところです。

3. changer A de B（Bは無冠詞）

「AのBを変える」という意味で、Bにはplace（場所）が入ることがよくあります。

La ville de Kyoto ***a changé*** *le panneau* ***de*** *place* pour qu'il soit plus voyant.

京都市は看板の場所を変えました。それがより目立つようにするためです。

4. changer A contre (pour) B

「AをBと取り替える」という意味になります。contreとpourのどちらでも使えますが、contreを使うことが多いようです。

*J'**ai changé*** *la monnaie* qui restait dans mon portefeuilles ***contre*** *un billet.*

お財布の中に残っていた小銭を、1枚のお札と取り替えました。

La ville de Kyoto ***a changé*** *l'ancien panneau* ***pour*** *un nouveau panneau en anglais.*

京都市は、古い看板を、英語で書かれた新しい看板に取り替えました。

À vous !

左ページを参考にして、フランス語文を完成させましょう。

1）Elle a renoncé à être maiko. Elle ______________________ profession.

彼女は舞妓になるのをあきらめました。職業を変えたのです。

2）Vous pouvez _________________ ce bon _______________ un petit souvenir de Kyoto.

この引換券を京都のちょっとしたお土産と交換することができます。

3）On ne comprend pas très bien le pictogramme de ce panneau. Il faut ________________ dessin.

この看板のピクトグラムはあまりよくわかりません。絵を取り換えた方がいいです。

4）On va ____________________ ? Il y a tellement de monde ici.

場所を変えましょうか？　ここは、あまりにも人が多いです。

Infos à picorer

吸い殻のポイ捨てを防ぐために

フランスでは2007年から、すべての公共の場や仕事の場での喫煙が禁止されています。レストランやカフェも同様です。煙草を吸いたい人は、道に出て吸います。建物の入り口付近に人がいて、喫煙しているのはそのせいです。というのも、道での喫煙は許されているからです。

そこで問題となるのが、吸い殻**mégot** 男 のポイ捨てです。このポイ捨てを防ぐために、イギリスで開発されたと言われている「吸い殻投票箱」（**cendrier-sondage**などと呼ばれています）があります。内側が左右２つに分かれていて、表側が透明の素材でできています。左右の上部には、**« ketchup ou mayo ? »**（あなたはケチャップ派？ それともマヨネーズ派？）などの選択肢が書かれていて、ケチャップ派の人は左の穴に、マヨ派の人は右の穴に吸い殻を捨てます。吸い殻がたまっていくのが表側から見え、投票箱になっているのです。この工夫によって46％の吸い殻削減に成功したという報告もあります。

À vous ! 解答

1) Elle a renoncé à être maiko. Elle <u>a changé de</u> profession.
2) Vous pouvez <u>changer</u> ce bon <u>contre [pour]</u> un petit souvenir de Kyoto.
3) On ne comprend pas très bien le pictogramme de ce panneau. Il faut <u>changer de</u> dessin.
4) On va <u>changer de place</u> ? Il y a tellement de monde ici.

28 奈良にて（1）東大寺

奈良に移動し、東大寺の前に着きました。

Eriko : Voilà ! On est maintenant devant le portique[1] d'entrée du temple Tôdaiji.

Céline : Nicolas, regarde ces deux statues sur les deux côtés. Elles ont l'air[2] effrayant[3]. Ce sont des guerriers[4] ?

Eriko : Je pense que ce sont des dieux qui gardent l'entrée du temple. On les voit souvent dans d'autres temples[5] aussi. Vous savez qu'il y a beaucoup de dieux dans le bouddhisme[6].

Céline : Ah bon ? Ce sont des dieux[7], donc.

Eriko : Ou des divinités[7]. Je ne connais pas la différence... Bon, vous voyez la traverse[8] en bois qui est au sol[9] ?

Nicolas : Celle-ci[10] ?

Eriko : Oui. Il ne faut pas marcher dessus. On doit l'enjamber[11].

Céline : Ah ? Pourquoi ?

Eriko : Euh... je ne sais pas. C'est comme ça[12]. Et après ce portique, il y a un autre portique, et on entre dans la cour[13]. Au fond de la cour, il y a un bâtiment qui abrite[14] la grande statue du bouddha[15].

Nicolas : Eriko, j'ai une question, s'il vous plaît. Est-ce que l'entrée est payante ici ?

Eriko : Ça dépend des[16] temples, mais ici, oui, c'est payant. C'est un peu différent des églises en France où l'entrée est toujours gratuite.

Pour vous aider

1）**portique** 男：「柱廊」。２本の柱で上の横木を支えている形の物。

2）**avoir l'air + 形容詞**：「～に見える」「～な感じがする」。形容詞をair 男 に一致させて男性単数形にしても、主語に一致させても良いとされている。

3）**effrayant(e)**：恐ろしい

4）**guerrier, guerrière**：昔の戦士

5）**d'autres temples**：「ほかの寺々」。〈不定冠詞des + autres temples〉だが、形容詞の複数形が名詞の前にある時はdesがdeになる。

6）**bouddhisme** 男：仏教

7）**dieu** 男 **divinité** 女：神

8）**traverse** 女：横木

9）**au sol**：地面に

10）**Celle-ci**：traverseを指す。

11）**enjamber**：またぐ

12）**C'est comme ça.**：「とにかく、そうなっているのです」。うまく説明ができない時に使うことができる便利な表現。

13）**cour** 女：中庭

14）**abriter**：収容する

15）**bouddha** 男：仏像

16）**Ça dépend de ...**：～による、～によっていろいろである

恵理子：さて！今、東大寺の入り口の山門の前にいます。

セリーヌ：ニコラ、両脇にある２つの像を見て。怖い感じがするわ。戦士なのかしら？

恵理子：お寺の入り口を守っている神様だと思います。他のお寺でもよく見かけますよ。仏教にはたくさんの神様がいることをご存じだと思います。

セリーヌ：そうですか。じゃあ、あれはdieux（神様）なのですね。

恵理子：または、divinités（神様）です。違いは知らないのですが…。さて、地面にある横木が見えますか？

ニコラ：これですか？

恵理子：ええ、その上を歩いてはいけません。それは、またがなければいけないのです。

セリーヌ：え？なぜですか？

恵理子：ええと…わかりません。とにかくそのようになっているのです。そしてこの山門のあと、またべつの山門があって、中庭へと入ります。中庭の奥に建物があり、そこに大きな仏様の像が収容されています。

ニコラ：恵理子さん、質問があるのですが、よろしいでしょうか。ここは入場は有料でしょうか？

恵理子：お寺によりますが、ここはその通り、有料です。フランスの教会とは少し違いますよね、フランスでは（教会への入場は）いつでも無料ですから。

■ 時を表す前置詞・前置詞句 (1)

1. il y a ...「今から～前に」と ... avant / plus tôt「その時から～前に」

il y aの起点は「今」にあり、... avantと ... plus tôtの起点は過去または未来にあります。

Il y a un mois, j'ai visité un temple à Nara. C'était déjà le troisième temple que je visitais parce que j'étais arrivé à Nara deux jours ***avant*** [***plus tôt***].

今から1か月前に、奈良のあるお寺を見学しました。でもその2日前に奈良に到着していたので、それは私が見学した3つ目のお寺だったのです。

Le 14 février, je vais assister à un grand spectacle de torches au Todaiji. En fait, c'est une série de spectacles qui commenceront deux semaines ***avant*** [***plus tôt***].

2月14日、東大寺での松明の一大スペクタクルを見る予定です。実際には、それより2週間前に始まる一連のスペクタクルなのです。

2. dans ...「今から～後に」と ... après / ... plus tard「それから～後に」

dansの起点は「今」にあり、... aprèsと ... plus tardの起点は過去または未来にあります。

La cérémonie des torches aura lieu ***dans*** un mois.

松明の儀式は、今から1か月後に行われます。

En 743, l'empereur Shomu a annoncé la construction de la grande statue du bouddha. La construction a été achevée neuf ans ***plus tard*** [neuf ans ***après***].

743年、聖武天皇が大仏像の建設を発表しました。建設は、その9年後に完了しました。

3. depuis ...「～以来」とà partir de ...「～以降」

depuisは過去のみを起点とします。à partir deは過去・現在・未来のどれでも起点とすることができますが、過去については×à partir d'hierと言わないなどの制約がありますので、現在と未来を起点とする時に使いましょう。

Depuis 855, la grande statue du bouddha a subi plusieurs restaurations.

855年以降、大仏像は何回もの修復を受けてきました。

À partir d'aujourd'hui, l'accès au temple est limité à 200 personnes et il est nécessaire de réserver.

今日から、お寺に入れるのは200人に限られます。そして予約が必要です。

À partir de demain, les cafés et les restaurants peuvent rouvrir.

明日から、カフェやレストランは再開できます。

À vous !

左ページを参考にして、フランス語文を完成させましょう。

1) ________________, après avoir visité un temple qui possédait déjà une statue du bouddha, l'empereur Shomu a décidé d'en construire une lui-même.

13世紀近く前のことです。聖武天皇は、すでに仏の像を有していた寺を訪れたあと、自分自身でもひとつ造ることを決意しました。

2) L'empereur Shomu a annoncé la construction de la grande statue du bouddha en 743. Mais c'est ________________ que la construction a commencé.

聖武天皇は743年に大仏像の建設を発表しました。しかし建設が始まったのは、それから２年後でした。

3) ________________, une partie du temple sera fermée au public pour effectuer des travaux de rénovation.

改修工事を行うために、このお寺の一部は来月から閉鎖されます。

4) – En haute saison, le bâtiment qui abrite la grande statue est ouvert ________________. Mais comme c'est la basse saison maintenant, il ne sera ouvert qu'________________.
– C'est tant pis ! Je vais revenir ________________.

「繁忙期ですと、大仏を収容している建物は7時半から開いているのですが、今は閑散期ですので、8時からしか開きません」「しかたがない！ 30分後にまた来ます」

Infos à picorer

仏像の説明

dieu 男, divinité 女 は「神」を指します。仏教には如来、菩薩など様々な存在がありますが、どれもdieuまたはdivinitéと呼んで差支えないと思われます。金剛力士を説明する時には、Ces dieux (divinités) gardent l'entrée du temple.「この神様はお寺の入り口を守っている」、観音様は、Quand on prie ce dieu (cette divinité), on est débarrassé de tous ses malheurs.「この神様にお祈りすると、すべての不幸から解放される」など、それぞれの役割を示すとわかりやすいかもしれません。

À vous ! 解答

1) Il y a près de treize siècles, après avoir visité un temple qui possaidait déjà une statue du bouddha, ...
2) ... Mais c'est deux ans après [deux ans plus tard] que la construction a commencé.
3) À partir du mois prochain, une partie du temple sera fermée au public...
4) –..., le bâtiment ... est ouvert à partir de 7 heures et demie. ..., il ne sera ouvert qu'à partir de 8 heures. – ... Je vais revenir dans une demi-heure.

29 奈良にて（2）漬物の説明

3人は奈良のお土産物店街にやって来ました。

Céline : On entre dans ce magasin ?

Nicolas : Je suis toujours étonné qu'il y ait tellement de nourriture dans les boutiques de souvenirs au Japon !

Eriko : Ah bon ? Elles sont comment en France ?

Nicolas : En France, il y a des cartes postales, des porte-clés, des T-shirts, des mugs[1]... Mais ici, c'est surtout de la nourriture[2] !

Eriko : On ne vend pas de nourriture dans les boutiques de souvenirs chez vous[3] ?

Céline : Si, mais seulement des chocolats et c'est à peu près tout[4].

Nicolas : Il y a même des légumes ! Mais ils ne sont pas frais[5] . Ils sont saumurés[6] , comme des cornichons[7] ?

Eriko : Oui, les légumes saumurés sont une des spécialités[8] de la cuisine japonaise. Au Japon, on utilise non seulement du sel mais aussi d'autres ingrédients[9] comme l'enveloppe[10] des grains[11] de riz ou le miso pour faire des légumes saumurés.

Céline : Le miso, ça, je connais ! C'est la pâte[12] de soja[13] fermentée[14] , n'est-ce pas ?

Eriko : Exactement. Et les légumes que vous voyez ici sont appelés « narazuke ». Ils sont saumurés avec du sel et du résidu[15] de saké.

Pour vous aider

1） **mug** 男 : マグカップ

2） **nourriture** 女 :「食べ物」。 一般的に不可算名詞。

3） **chez vous** : あなたのお国では

4） **à peu près tout** : それでほぼ全部

5） **frais, fraîche** : 生の、新鮮な

6） **saumuré(e)** :「塩漬けにされた」。保存のために、香辛料などで香りをつけた塩水に野菜などを漬けることをsaumurerと言う。

7） **cornichon** 男 : 小きゅうりのピクルス（p.125参照）

8） **spécialité** 女 : 名物。

9） **d'autres ingrédients** : 名詞の前に形容詞の複数形autresが来ているので、不定冠詞desではなくdeが使われている

10） **enveloppe** 女 : 外側の皮

11） **grain** 男 : 穀物の種

12） **pâte** 女 : ペースト状のもの

13） **soja** 男 : 大豆

14） **fermenté(e)** : 発酵した

15） **résidu** 男 :「残りかす」。酒粕は*résidu* de saké（日本酒の残りかす）、おからは*résidu* de tofu（豆腐の残りかす）のように使える。

セリーヌ : このお店に入りましょうか？

ニコラ : 日本のお土産物屋さんには本当にたくさんの食べ物があることに、いつも驚いてしまいます！

恵理子 : そうですか？ フランスではどのようですか？

ニコラ : フランスには、絵葉書や、キーホルダーや、Tシャツや、マグカップがあります。でもここは、食べ物ばかりですね。

恵理子 : フランスでは、お土産物屋さんでは食べ物は売られていないのですか？

セリーヌ : いえ（売っていますよ）、でもチョコレートだけで、それぐらいがせいぜいです。

ニコラ : 野菜まである！ でも生ではありませんね。塩水で漬けてあるのですか、ピクルスのように？

恵理子 : そうですよ、漬けてある野菜は、日本の料理の名物のひとつなんです。日本では、漬物の野菜を作るのに、塩だけでなく他の材料も使うんです。例えば籾（もみ）の皮や味噌とか。

ニコラ : 味噌ですか、それなら知っていますよ！ 発酵させた大豆のペーストでしょう？

恵理子 : その通りです。そして目の前にある野菜は、「奈良漬け」と呼ばれています。塩と日本酒の残りかすで漬けられているんですよ。

■ お漬物を説明しよう！

白いご飯に添えて出される梅干しや漬物は、フランスにはありません。ですから、それをフランス語で説明しなければならないことが、よくあります。その説明に使う語彙を、ここで学習しましょう。

1. 材料

prune 女 japonaise 梅　radis 男 (blanc) japonais 大根　algue 女 海藻
légume 男 野菜　concombre 男 きゅうり　aubergine 女 なす
navet 男 (blanc) japonais かぶ　sel 男 塩　sucre 男 砂糖
sauce 女 de soja しょうゆ　enveloppe 女 de riz en poudre 粉状にした米の外皮（ぬか）
pâte 女 ペースト状のもの

2. 作業を表す動詞　（ ）内は過去分詞

saler (salé) 塩漬けにする　saumurer (saumuré) 塩水に漬ける　sécher (séché) 干す
fermenter (fermenté) 発酵する　cuire (cuit) 煮る

3. 説明に使える便利な構文

Ça s'appelle ... これは～という名前です。
On appelle ça ... これは～と呼びます。
C'est ce qu'on appelle ... これは～と呼ばれるものです。
C'est + 材料 + 過去分詞　これは～した～です。

上の構文を利用して、例えば梅干しであれば次のように説明できます。

Ça s'appelle « umeboshi ». C'est une prune japonaise salée et séchée.
これは「梅干し」という名前です。塩漬けにして乾かした梅です。

■ 時を表す前置詞・前置詞句（2）

1. après + 不定詞複合形　「～したあとで」

aprèsのあとに不定詞を続ける時は、複合形（助動詞の不定詞 + 過去分詞）にします。

Après avoir salé les prunes, vous les séchez. 梅を塩漬けにしたあと、干してください。

2. avant de + 不定詞　「～する前に」

avantのあとに不定詞を続ける時は、その前にdeを置きます。

Vous salez les prunes *avant de* les *sécher*. 干す前に、梅を塩漬けにしてください。

À vous !

左ページを参考にして、フランス語文を完成させましょう。

1）Ça ________ « takuan ». C'est du radis blanc japonais _____ et ________.

これは「たくあん」という名前です。乾かして発酵させた大根です。

2）On __________ ça « tsukudani ». Ce sont des algues ____________ avec ________________________ et _____________.

これは「つくだに」と呼びます。しょうゆと砂糖で煮た海藻です。

3）C'est ce qu'____________ « nukazuke ». Ce sont des légumes fermentés dans _________. Cette pâte est préparée avec de l'_________________.

これは「ぬか漬け」と呼ばれるものです。あるペーストの中で発酵させた野菜です。そのペーストは、粉状にした米の外皮（ぬか）で作られています。

4）Voici comment on fabrique les feuilles de yakinori. _________________ des algues, on les rassemble en forme de feuille. Ensuite on les _______ ______________ les griller.

焼き海苔のシートは次のように作ります。海苔を摘み取ったあと、それをシートの形に寄せ集めます。次にそれを乾かします。そのあとに焼きます。

Infos à picorer

cornichon

cornichon 男 は野菜の名前で、小型のきゅうりです。これを香辛料を使って酢漬けにしたピクルスもcornichonと呼ばれます。この野菜は16世紀にフランスに現れ、塩と酢で漬けられた薬味として食べられてきました。しかし、数多くの病気におそわれ、多くの種が途絶えてしまい、現在残っているものの大部分はverte de Parisとよばれる種なのだそうです。酢漬けにされたピクルスは、viandes froides「冷製の肉料理」、サラダ、パテやソーセージなどのcharcuterie「豚肉加工品」、plats en gelée「ゼリー寄せ料理」の付け合わせとしてよく使われます。このほか、gribiche（マヨネーズではなく、茹でた卵黄と油を混ぜ合わせて作ったタルタルソースのようなもの）やravigote（野菜のみじん切り・酢・油などを混ぜ合わせたソース）などのソースの材料としてもよく使われます。

À vous ! 解答

1) Ça s'appelle « takuan ». C'est du radis blanc japonais séché et fermenté.
2) On appelle ça « tsukudani». Ce sont des algues cuites avec de la sauce de soja et du sucre.
3) C'est ce qu'on appelle « nukazuke». Ce sont des légumes fermentés dans une pâte. Cette pâte est préparée avec de l'enveloppe de riz en poudre.
4) ... Après avoir cueilli des algues, on les rassemble en forme de feuille. Ensuite on les sèche avant de les griller.

30 奈良にて（3）土産物店での試食

土産物店で、ニコラがあちらこちらに置いてある試食品に気づきました。

Nicolas : Ces choses à manger[1] qui sont coupées en petits morceaux, on peut les goûter gratuitement[2] ?

Eriko : Oui, oui. Allez-y. Pour les manger, **vous pouvez utiliser *les cure-dents*[3]** qui sont à côté.

Nicolas : Je n'ose pas[4] parce que je ne sais pas encore si je vais en acheter.

Eriko : N'hésitez pas, même si[5] vous n'en achetez pas. C'est une manière d'attirer[6] les gens, c'est tout[7]. Des dégustations[8] comme ça, on en trouve partout au Japon.

Nicolas : C'est étonnant[9] qu'il n'y ait[10] personne qui les surveille[11]. Si on fait le tour de[12] ce magasin et qu'on[13] mange tous les produits à déguster[14] comme ça, on va finir par[15] avoir le ventre plein[16] !

Eriko : Je dois avouer qu'il y a des gens qui le font. Mais ce n'est pas à recommander.

Nicolas : Bon, puisqu'on a donc apparemment[17] le droit, moi, je voudrais bien essayer ce biscuit. Il a l'air très bon, et j'aime bien le dessin de daim[18].

Eriko : Comme vous le savez déjà, le daim est un des symboles de Nara. Il y en a plus d'un millier qui vivent dans la nature.

Pour vous aider

1）**choses à manger** : 食べるための物

2）**gratuitement** : 無料で

3）**cure-dents** 男 : 爪楊枝（→p.128参照）

4）**je n'ose pas** : あえてやりたくない

5）**même si** : たとえ〜であっても

6）**attirer** : ひきつける

7）**c'est tout** : それだけのことだ

8）**dégustation** 女 : 試飲、試食（→p.129参照）

9）**étonnant(e)** : 驚きである

10）**ait** : c'est étonnant que ...（〜なのは驚きだ）という感情を表す表現のqueの節なので、avoirの接続法現在形が使われている

11）**surveiller** : 見張る

12）**faire le tour de ...** : 〜を一周する

13）**qu'** : *si* on mange tous les produits ...とするべきところだが、2回目に登場するsiなのでqueに置きかえてある

14）**déguster** : 試飲・試食する

15）**finir par...** : 最後には〜する

16）**avoir le ventre plein** : お腹が一杯になる

17）**apparemment** : どうやら

18）**daim** 男 : 鹿

ニコラ ：小さな塊に切ってあるあの食べ物は、無料で味見してよいのですか？

恵理子 ：はい、そうです。どうぞ。食べるには、横にある楊枝を使うとよいですよ。

ニコラ ：気が引けます。だって買うかどうかわかりませんから。

恵理子 ：たとえ買わないとしても、遠慮はしないでください。これは人をひきつけるやり方のひとつで、それだけのことなのです。このような味見は、日本ではあちらこちらにあります。

ニコラ ：見張っている人がいないのが、驚きです。この店を一周して、こんなふうに味見ができる商品全部を食べたら、しまいにお腹が一杯になりますね。

恵理子 ：本当のことを言うと、それをやる人たちもいるのです。でも、推奨できることではありません。

ニコラ ：それでは、どうやらやってもかまわないようですので、このビスケットを試してみたいと思います。どれもおいしそうですし、鹿の絵が気に入りました。

恵理子 ：すでにご存じのように、鹿は奈良のシンボルのひとつなのです。1000匹以上の鹿がいて、野生の状態で暮らしています。

■ 複合名詞の複数形

この課の会話に複合名詞cure-dent(s)（爪楊枝）がありました。単数形はdentにsをつけてもつけなくてもよいそうです。複数形はcure-dentsです。複合名詞の複数形について学習しましょう。

1. 名詞 - 名詞

両方の名詞を複数形にします。

un chou-fleur, des choux-fleurs　カリフラワー（chouキャベツ / fleur花）

2. 名詞 - 形容詞

名詞と形容詞の両方を複数形にします。

un coffre-fort, des coffres-forts　金庫（coffre大箱 / fort強い）

3. 名詞 - 前置詞 - 名詞

最初の名詞だけ複数にします。

un arc-en-ciel, des arcs-en-ciel　虹（arcアーチ / ciel空）

4. 動詞 - 名詞

名詞だけ複数形にします。

un cure-dent(s), des cure-dents　爪楊枝（curerひっかいたりして掃除をする / dent歯）

■ 時を表す前置詞・前置詞句（3）

1. jusqu'àとavant

jusqu'à ...「〜まで」は、続いている動作や状態の終点を表し、avant ...「〜までに」は期限を表しますが、混同することが多いので注意しましょう。「〜まで」と「〜までに」の差だと覚えると便利かもしれません。

– Je vais continuer la dégustation gratuite ***jusqu'à*** midi.
正午までただの試食を続けるつもりだよ。

– Non, il faut arrêter ***avant*** 11 heures.
だめよ、11時までには止めなきゃいけないわ。

2. pourとpendant

どちらも期間を表しますが、pourには「〜という期間の予定で」という「予定」の意味が入っています。pendantには「予定」の意味はありません。

Je suis à Nara ***pour*** 3 jours.　3日間の予定で奈良にいます。

Je suis à Nara ***pendant*** 3 jours.　3日間、奈良にいます。

3. en

〈en＋時間〉で、「〜の時間をかけて」という意味になります。

La grande statue du bouddha du Todaiji a été construite ***en*** 8 ans.
東大寺の大仏像は8年をかけて造られました。

À vous !

左ページを参考にして、フランス語文を完成させましょう。

1） Céline veut acheter ________________ avec un dessin de daim.

セリーヌは、鹿の絵がついたキーホルダーを買いたいと思っています。

2） – On peut rester ici ________________________ ?

– Il faut quitter le parc de Nara _____________________ pour prendre notre Shinkansen.

「何時までここにいられますか？」「新幹線に乗るために、奈良公園を3時前に出発しなければなりません」

3） En 2015, une trentaine de personnes se sont amusées avec _________ dans le parc de Nara.

2015年、約30人の人が奈良公園で凧で遊びました。

4） On allait rester à Nara ________________________, mais nous avons changé nos plans.

奈良に2日の予定で滞在するつもりでしたが、計画を変えました。

Infos à picorer

ワインの dégustation

フランスで dégustation「試飲、試食」と言われてまず思い浮かぶのはワインの試飲です。ワインの試飲は、次の3段階に分けて行います。まず examen visuel「視覚による評価」です。ワインが limpide「澄んでいる」か trouble「濁っている」か、輝いているか（cristallin「水晶のような輝き」～éteint「まったく輝きがない」まで）、色の濃さ（pâle「薄い」、moyenne「中程度」、intense「濃い」）、そして色を見ます。赤ワインは新しいものから古くなるにつれて、violet「紫」→ rubis「ルビー色」→ grenat「ガーネット色」→ brun「褐色」に色が変化するのだそうです。白ワインは、citron「レモン色」→ doré「金色」→ ambré「琥珀色」→ brun「褐色」です。視覚の次は examen olfactif「嗅覚による評価」、そして examen gustatif「味覚による評価」へと進みます。

À vous! 解答

1) Céline veut acheter <u>un porte-clés [des porte-clefs]</u> avec un dessin de daim.
＊porte-clés は「動詞-名詞」でできている複合名詞なので porte は複数の一致をしない。キーホルダーには通常複数の鍵をつけるので、単数形は un porte-clés となる。

2) –On peut rester ici <u>jusqu'à quelle heure</u> ? – Il faut quitter le parc de Nara <u>avant 3 heures</u> pour prendre notre Shinkansen.

3) En 2015, une trentaine de personnes se sont amusées avec <u>des cerfs-volants</u> dans le parc de Nara. ＊amusées は personnes に合わせて複数女性の一致。

4) On allait rester à Nara <u>pour 2 jours</u>, mais nous avons changé nos plans.

31 静岡にて（1） 旅館での過ごし方

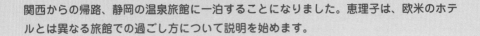

関西からの帰路、静岡の温泉旅館に一泊することになりました。恵理子は、欧米のホテルとは異なる旅館での過ごし方について説明を始めます。

Nicolas : Il n'y a pas de lit[1] ici. Ça veut dire que[2] nous allons dormir sur le fameux[3] matelas japonais... Ça s'appelle comment déjà[4]...

Eriko : C'est un futon.

Nicolas : Oui, c'est ça ! C'est la première fois que je dors sur un futon. Est-ce que vous pouvez nous montrer comment il faut l'installer[5] ?

Eriko : Non, non, nous n'avons pas besoin de le faire[6]. Il y a quelqu'un qui va le faire pour nous ce soir. Et demain matin, on pourra le laisser tel quel[7] quand on partira. C'est encore cet employé, ou quelqu'un d'autre[8], qui va le ranger[9].

Nicolas : D'accord. C'est comme ça que ça marche[10].

Eriko : Oui. Normalement, quand les clients arrivent à la station d'eau thermale[11] le soir, ils prennent d'abord leur bain. Et pendant qu'ils prennent leur bain, on installe le dîner dans leur chambre. Comme ça, quand les clients reviennent dans leur chambre, le dîner est déjà prêt.

Nicolas : Mais cet employé fait beaucoup de choses pour nous ! Est-ce qu'on lui donne un pourboire[12] ?

Eriko : C'est comme vous voulez, il y a des gens qui n'en[13] donnent pas. Mais moi, en général, je donne deux ou trois mille[14] yens.

Pour vous aider

1） **lit** 男 : ベッド

2） **Ça veut dire que ...** : それは次のことを意味する

3） **le fameux ...** : あの有名な～

4） **déjà** :「あれの名前はなんでしたっけ ...」の「たっけ」のニュアンスを出している。（→p.20参照）

5） **installer** : 設置する

6） **le faire** : それをする

7） **tel quel** : そのままの状態で

8） **quelqu'un d'autre** : quelqu'unに形容詞をつける場合は、〈 de + 形容詞〉の形にする

9） **ranger** : 片付ける

10） **C'est comme ça que ça marche** : そのようにして物事がうまく動いている

11） **station d'eau thermale** : 温泉を利用する保養所

12） **pourboire** 男 : チップ

13） **en** : qui ne donnent pas de pourboireの下線部分（否定のde + 名詞）が、代名詞enになっている

14） **mille** :「1000」。複数でも-sはつけない。

ニコラ :ここにはベッドがありませんね。ということはつまり、例の有名な日本のマットレスで眠るわけですね。あれの名前はなんでしたっけ…

恵理子 :ふとんです。

ニコラ :そう、それです！ ふとんで眠るのは初めてです。どうやって設置すればよいのか私たちに見せてくださいますか？

恵理子 :いえいえ、私たちがそれをする必要はありません。今晩（旅館の）誰かがそれをやってくれますので。そして明日の朝、出発する時も、そのままにしていってよいのです。それもまた同じ従業員、または別の人が片付けてくれますから。

ニコラ :わかりました。そうなっているのですね。

恵理子 :ええ。通常、お客は夕方に温泉に到着すると、まずお風呂に入ります。そしてお風呂に入っている間に、部屋に夕食を用意してくれるのです。ですから、お客が（お風呂から）部屋に戻ると、夕食がすでに整っているというわけです。

ニコラ :その従業員は、私たちのためにたくさんのことをしてくれるのですね！ その人にチップはあげるのでしょうか？

恵理子 :よろしいようになさってください。チップをあげない人たちもいます。でも私は、通常２～３千円をあげています。

■ amener / emmener + 人

25課で〈 apporter / emporter + 物 〉という表現について学習しました。「物」ではなく「人」を連れて来たり、連れて行ったりする場合は、amenerとemmenerを使います。

1. amener + 人

目的地（話し手のいる場所または聞き手のいる場所）へ人を連れる時に使います。話し手がいる場所に連れる場合は「連れて来る」にあたります。

Quand vous venez au Japon la prochaine fois, vous pouvez ***amener** votre neveu.*

次回日本にいらっしゃる時は、甥御さんも連れて来てください。

聞き手がいる場所に連れる場合は「連れて行く」にあたります。

Maman, est-ce que je peux ***amener** M. et Mme Martin* chez toi pour le dîner ? Moi, j'ai un autre rendez-vous.

お母さん、今晩マルタンご夫妻をお母さんの家に夕食に連れて行ってもいいかしら？ 私は別の約束があるの。

2. emmener + 人

話し手または聞き手のいる場所から離れた場所に「連れて行く」場合は、emmenerを使います。

Je peux ***emmener** mon chien* dans cet hôtel ?

そのホテルに、犬を連れて行ってもいいのかしら？

Dans quelle station d'eau thermale est-ce que tu ***emmènes** M. et Mme Martin*?

マルタンご夫妻を、どの温泉に連れて行くの？

■ 名詞と動詞の比較級的な表現

形容詞と副詞だけでなく、名詞や動詞を使っても比較級のような表現が作れます。形容詞と副詞の比較級の「同じぐらい」にはaussiを使いますが、名詞や動詞の場合はautantを使うという点に注意しましょう。

1. plus / autant / moins de + 名詞

Cette eau thermale a ***plus*** [***autant / moins***] ***de** bienfaits* que celle de tout à l'heure.

こちらの温泉は、先ほどの温泉と比べて、より多くの [同じくらいの/より少ない] 効能があります。

2. 動詞 + plus / autant / moins

Céline mange ***plus*** [***autant / moins***] que Nicolas.

セリーヌは、ニコラと比べてより多く [同じくらい/より少なく] 食べます。

À vous !

左ページを参考にして、フランス語文を完成させましょう。

1） Quand vous venez au Japon la prochaine fois, je vais vous ＿＿＿＿＿ au bain en plein air.

次回日本にいらっしゃる時は、お二人を露天風呂にお連れします。

2） Nicolas se réveille plus tôt que Céline parce qu'il ＿＿＿＿＿.

ニコラはセリーヌよりも早く目覚めます。睡眠量がより少ないからです。

3） Les bains en plein air attirent ＿＿＿＿＿ que les bains en intérieur.　露天風呂は、屋内のお風呂よりもより多くの観光客をひきつけます。

4） Si j'＿＿＿＿＿ mon neveu ici au Japon, il sera ravi !

もし私の甥をここ、日本に連れてきたら、大喜びするでしょう。

5） Dans cet hôtel, pour le petit déjeuner, on a ＿＿＿＿＿ que pour le dîner.

このホテルでは、朝食に、夕食と同じぐらい多くの料理が出されます。

Infos à picorer

フランスのホテル宿泊の必需品

フランスのホテルに宿泊する時、持参すると便利なものを２つ紹介します。ひとつは電源につなぐコード類です。室内には十分な数の電源がないかもしれず、あってもテレビなどに使われている可能性があります。また、ベッドで寝ころんで充電しながらスマホを見たいと思っても、電源が遠いところにあるかもしれません。ですから、少なくとも2口接続できる延長コードの持参をお勧めします。ポケットwi-fiも持参なさる方は、USBケーブル接続のアダプターも2口あるものが良いと思います。フランスのコンセント差込口は、C（たまにSE）タイプです。

もうひとつは、電気でお湯がわかせる小型のポットです。フランスの電圧は220Vですが、100Vと220Vの切り替えスイッチがついているものが日本で購入できます。夜にお茶を飲みたい時、日本食が恋しくてカップ麺（フランスのスーパーに有り）を食べたい時などに便利です。

À vous ! 解答

1) Quand vous venez au Japon la prochaine fois, je vais vous <u>emmener</u> au bain en plein air.
2) Nicolas se réveille plus tôt que Céline parce qu'il <u>dort moins</u>.
3) Les bains en plein air attirent <u>plus de touristes</u> que les bains en intérieur.
4) Si j'<u>amène</u> mon neveu ici au Japon, il sera ravi !
5) Dans cet hôtel, pour le petit déjeuner, on a <u>autant de plats</u> que pour le dîner.

32 静岡にて（2） 温泉の入り方

セリーヌと恵理子は大浴場に向かいます。

Céline : En France, il y a aussi des eaux thermales[1], mais on porte[2] toujours un maillot de bain[3]. 32

Eriko : Ça vous gêne[4] peut-être de prendre le bain[5] avec les autres[6] sans maillot ?

Céline : Oui, un peu. Mais comme ça fait partie de[7] la culture japonaise, je considère cette occasion comme[8] une bonne expérience pour moi.

Eriko : Vous aurez probablement envie de mettre votre serviette[9] autour du corps[10], mais il est interdit de prendre sa serviette avec soi[11] dans l'eau du bain.

Céline : D'accord. C'est pour ne pas salir[12] l'eau ?

Eriko : Oui, sans doute. Alors on va se laver d'abord avant d'entrer dans le bain[13].

Céline : Très bien.

（身体を洗ったあと、二人は湯船に近づきます）

Eriko : J'espère que l'eau n'est pas trop chaude pour vous. Je vous dis ça parce qu'on[14] n'a pas le droit d'ajouter de l'eau froide soi-même[15]. Il faut demander de le faire à un employé de l'établissement[16].

Céline : Attendez, je vais voir...（お湯を手で触って）Ça va, ça marche pour moi[17].

Pour vous aider

1) **eau** 女 **thermale :** 温泉
2) **porter :** 身に着けている
3) **maillot** 男 **de bain :** 水着
4) **gêner + 人 :** ～に嫌な思いをさせる
5) **prendre le bain :** お風呂に入る
6) **les autres :** 他の人たち
7) **faire partie de ... :** ～の一部を成す
8) **considérer A comme B :** AをBとみなす
9) **serviette** 女 **:** タオル
10) **autour du corps :** 体のまわりに
11) **avec soi :** 自分と一緒に（→p.60参照）
12) **salir :** 汚す
13) **bain** 男 **:** 浴槽
14) **Je vous dis cela parce que ... :** あなたにこのようなことを言うのは、～という理由があるからです
15) **soi-même :** 自分自身で（→p.60参照）
16) **établissement** 男 **:** 施設
17) **ça marche pour moi :** 私にとってはそれでよい

セリーヌ：フランスにも温泉はありますが、必ず水着を着用します。
恵理子　：水着なしで他の人と一緒にお風呂に入るのは、もしかしてお嫌ですか？
セリーヌ：ええ、少し。でも日本文化の一部なのですから、自分にとって良い経験となる機会だととらえています。
恵理子　：おそらく体にタオルを巻きつけたいと思われるでしょうが、浴槽のお湯の中に、一緒に自分のタオルを持ち込むのは禁止なのです。
セリーヌ：わかりました。お湯を汚さないためですか？
恵理子　：ええ、おそらくそうです。それでは、浴槽に入る前に、まず体を洗いましょう。
セリーヌ：いいですね。
（……）
恵理子　：お湯がセリーヌさんにとって熱すぎないとよいのですが。このことを申し上げる理由は、自分で（勝手に）冷水を入れることができないからなのです。この施設の従業員にそうしてくれるように頼まなければなりません。
セリーヌ：待ってください、みてみます…（……）はい、私は大丈夫です。

名詞と動詞の最上級的な表現

31課で、名詞や動詞を使った比較級的な表現を学習しました。名詞や動詞を使った最上級的な表現も確認しましょう。

1. le plus / moins de + 名詞

「もっとも多くの（少ない）〜」という意味です。plusのsは、読んでも読まなくても、どちらでもかまいません。

Normalement, c'est entre 14 heures et 19 heures où il y a ***le moins de*** *monde* dans la grande salle de bain de cet hôtel.

通常、このホテルの大浴場にもっとも人が少ないのは、14時から19時の間です。

2. 動詞 + le plus / moins

「もっとも多く（少なく）〜する」という意味です。plusのsは、一般的に読んで[plys]となります。

Ce sont les bains en extérieur en pleine nature que j'*aime* ***le plus***.

大自然の中の露天風呂が、私は一番好きです。

疑問代名詞

1.「誰が？」

Qui est-ce qui ... ? とQui ... ? の両方が使えます。主語と動詞の倒置は、どちらの場合もありません。

Qui est-ce qui prend son bain le premier ? / ***Qui*** prend son bain le premier ?

最初にお風呂に入るのは、誰ですか？

2.「誰を？」

Qui est-ce que ... ? とQui ... ? の両方が使えます。前者は倒置はありませんが、後者のQui... ? では倒置が必要になります。

Qui est-ce qu'on appelle pour ajouter de l'eau froide ? / ***Qui*** appelle-t-on pour ajouter de l'eau froide ?

冷水を加えるためには、誰を呼べばよいのですか？

3.「何が？」

Qu'est-ce qui ... ? のひとつしかありません。

Qu'est-ce qui est contenu dans cette eau ? Elle est toute blanche.

このお湯の中には何が含まれているのですか？真っ白です。

4.「何を？」

Qu'est-ce que ... ? とQue ... ? の両方が使えます。前者は倒置はありませんが、後者のQue ... ? では倒置が必要になります。

Qu'est-ce qu'on va faire après le bain ? / ***Que*** va-t-on faire après le bain ?

お風呂のあとは、何をしましょうか？

À vous !

左ページを参考にして、フランス語文を完成させましょう。

1) ＿＿＿＿＿＿＿＿ s'est passé dans ce bain en plein air ? Il est fermé.

この露天風呂で何がおきたのでしょうか？ 閉まっていますよ。

2) C'est cet hôtel qui a ＿＿＿＿＿＿＿＿＿＿＿＿ dans son vestiaire : pas de climatiseur, ni de ventilateur, ni de sèche-cheveux...

更衣室の設備がもっとも少ないのは、このホテルです。クーラーも、扇風機も、ドライヤーもない…。

3) C'est l'eau thermale qui me ＿＿＿＿＿＿＿＿＿＿.

温泉が、私をもっともリラックスさせてくれます。

4) ＿＿＿＿＿＿＿＿ il faut apporter dans la grande salle de bain ? Une serviette et du savon ?

大浴場には何を持って行けばよいのでしょうか？ タオルとせっけんですか？

5) Le sol du vestiaire est tout mouillé. ＿＿＿＿＿＿＿＿ a pu faire ça ?

更衣室の床がびしょぬれです。一体誰がこんなことをしたのでしょうか？

Infos à picorer

フランスのお風呂事情

日本では多くの家庭にお風呂がありますが、フランスにはシャワールームだけの住まいがかなりあります。不動産の広告に**salle** 女 **d'eau**と書いてあれば、シャワールームだけあるという意味です。浴槽のあるバスルームは**salle de bain**と呼びます。日本の浴室には洗い場がありますので体を洗ってから浴槽に入ることができますが、フランスの浴室には洗い場がなく、浴槽だけです。したがって、浴槽のお湯の中で体を洗ってそのまま出るか、または最後に浴槽の中で立ち上がってシャワーを浴びることになります。また、浴室・トイレ・洗面所が１つの部屋になっていることも多く、誰かがトイレを使っていたり、歯を磨いているような時は、お風呂に入れないこともしばしばあります。

À vous ! 解答

1) Qu'est-ce qui s'est passé dans ce bain en plein air ? Il est fermé.
2) C'est cet hôtel qui a le moins d'équipements dans son vestiaire : pas de climatiseur, ni de ventilateur, ni de sèche-cheveux...
3) C'est l'eau thermale qui me relaxe le plus.
4) Qu'est-ce qu'il faut apporter dans la grande salle de bain ? Une serviette et du savon ? ＊ Que faut-il apporter dans la grande salle de bain ? も可。
5) Le sol du vestiaire est tout mouillé. Qui est-ce qui [Qui] a pu faire ça ?

33 静岡にて（3） くつろぎのお茶

温泉を楽しんだセリーヌとニコラは旅館の部屋でくつろいでいます。緑茶のペットボトルを手にした恵理子が部屋に戻ってきました。

Eriko : Tenez[1] ! Je vous ai acheté des bouteilles de thé froid. Il vaut mieux[2] boire quelque chose après le bain pour ne pas se déshydrater[3].

Nicolas : Merci, c'est très gentil. Je vous dois combien[4] ?

Eriko : Oh, ne vous en faites pas[5]. （3本のペットボトルを見せながら）Regardez, vous avez le choix[6]. Ça, c'est du thé vert ordinaire[7]. Celui-ci, à la couleur brune, s'appelle « hôji-cha » : c'est du thé vert torréfié[8]. L'autre qui est aussi brun s'appelle « mugi-cha » : c'est de l'orge[9] torréfié.

Nicolas : Je vais essayer le thé à l'orge. Je n'en ai jamais goûté.

Céline : Moi, est-ce que je peux prendre le thé vert torréfié ?

Eriko : Oui, bien sûr.

Nicolas : Au fait, tout à l'heure, à l'entrée du bain pour messieurs, il y avait un étranger à qui on donnait un pansement[10] pour cacher[11] son tatouage[12].

Céline : J'ai entendu dire qu'au[13] Japon, les gens qui sont tatoués[14] ne pouvaient pas entrer dans les bains publics[15] ni dans les piscines[16].

Eriko : Oui, c'est parce qu'avant, des membres de la mafia japonaise[17] étaient tatoués.

Nicolas : Chaque pays a son histoire propre[18]...

Pour vous aider

1) **Tenez !** :「はい、どうぞ！」。人にものを渡す時に使う表現。

2) **Il vaut mieux + 不定詞** : 〜するほうがよい

3) **se déshydrater** : 脱水症状になる

4) **Je vous dois combien ?** : いくら支払えばよろしいでしょうか？

5) **Ne vous en faites pas.** :「お気を使わないでください」。« Non, non, ça va » « Non, non, ça me fait plaisir. » でも可。

6) **avoir le choix** : 選ぶことができる

7) **ordinaire** : 普通の

8) **torréfié(e)** : 焙(ほう)じてある、炒ってある

9) **orge** 女 : 大麦

10) **pansement** 男 : 絆創膏

11) **cacher** : 隠す

12) **tatouage** 男 : 入れ墨

13) **J'ai entendu dire que...** : 〜という話をきいたことがある

14) **être tatoué(e)** : 入れ墨を入れている

15) **bain** 男 **public** : 公衆浴場

16) **piscine** 女 : プール

17) **mafia** 女 **japonaise** : 日本のマフィア

18) **propre** : 固有の

恵理子 ：どうぞ！冷たいお茶のボトルを買ってきました。脱水症状にならないために、お風呂のあとは何かを飲むほうがいいですよ。

ニコラ ：ありがとう、ご親切に。おいくらをお渡しすればよろしいでしょうか？

恵理子 ：あら、どうぞご心配なく。（……）ご覧になって、お選びください。これは普通の緑茶です。こちらの茶色のものは「ほうじ茶」という名前です。焙じた緑茶です。同じく茶色のもうひとつは「麦茶」という名前です。焙じた大麦です。

ニコラ ：大麦のお茶を試すことにします。まだ味見したことがありません。

セリーヌ：私は焙じた緑茶を選んでもよろしいですか？

恵理子 ：はい、もちろんです。

ニコラ ：実はさっき、男性のためのお風呂の入口に外国人がいたのですが、彼の入れ墨を隠すためにシールが渡されていたのです。

セリーヌ：日本では、入れ墨のある人たちは公衆浴場にもプールにも入れないと聞いたことがあります。

恵理子 ：はい、なぜならば以前、日本のマフィアで入れ墨を入れていた人たちがいたからなのです。

ニコラ ：それぞれの国に、固有の歴史があるのですね…。

■〈前置詞 + lequel 〉疑問詞または関係代名詞

〈前置詞 + lequel / laquelle / lesquels / lesquelles〉は、疑問詞としても関係代名詞としても使いますが、用法が異なります。

1. 疑問詞としての〈前置詞 + lequel 〉

疑問詞として使われた場合は、lequel / laquelle / lesquels / lesquellesは、人（どの人？）と物（どれ？）の両方を指せます。

Il y a deux garçons qui s'appellent Lucas. ***Avec lequel*** est-ce que vous êtes allé à la station d'eau thermale ?

リュカという名前の男の子は二人います。どちらと一緒に温泉に行ったのですか？

Il y a trois sortes de thé vert au rayon. ***Avec lequel*** est-ce qu'on peut maigrir ?

売り場には3種類の緑茶があります。どれだとやせられますか？

2. 関係代名詞としての〈前置詞 + lequel〉

前置詞と一緒に関係代名詞として使われた場合は、lequel / laquelle / lesquels / lesquellesは物（それ、それら）しか指せません。

Voici le thé vert ***avec leque***l j'ai réussi à maigrir.

ほら、私がやせるのに成功した緑茶はこれですよ。

人を指す場合には〈前置詞 + qui〉を使います。

Le garçon ***avec qui*** je suis allé à la station d'eau thermale s'appelle Lucas.

私が一緒に温泉に行った男の子は、リュカという名前です。

■〈前置詞 + quoi〉疑問詞または関係代名詞

〈前置詞 + quoi〉も、疑問詞または関係代名詞として使えますが、用法が異なります。

1. 疑問詞としての〈前置詞 + quoi〉：quoiは物を指す

À quoi pensez-vous ?　何のことを考えているのですか？

2. 関係代名詞としての〈 前置詞 + quoi〉：quoiは中性語を指す

quoiは物ではなく、中性語（中性代名詞と節の2種類）を指します。

① 中性代名詞 : ce, rien, quelque chose, autre choseなど。

C'est ce ***à quoi*** je n'ai pas pensé.

それのことは、考えたことがなかった。　＊quoiはceを指す。

② 節

Je prends un bon bain chaud tous les soirs, ***sans quoi*** je ne peux pas bien dormir.

私は毎晩温かいお湯にゆったりとつかります。それなしではよく眠れません。　＊quoiはJe prends... tous les soirsという節を指す。

À vous !

左ページを参考にして、フランス語文を完成させましょう。

1） Voici la porte ____________ vous pouvez accéder au bain en plein air.
ほら、あそこのドアから露天風呂に行くことができますよ。

2） Il n'y a pas de shampooing ici. ________________ est-ce qu'on peut se laver les cheveux ? Avec du savon ?
ここにはシャンプーがありませんね。何で髪を洗うことができるかな？ せっけんですか？

3） Il y a deux entrées. ________________ est-ce que je peux accéder au bain pour les hommes ?
入口が２つあります。男湯にはどちらから行けますか？

4） On a découvert une source d'eau chaude ici, ________________ on a fait des aménagements pour pouvoir s'y baigner.
ここで温泉が発見され、そのあとに、お湯につかれるように設備が整えられました。

5） Maintenant il y a beaucoup de touristes étrangers ______________ je commence à penser à la possibilité de porter un maillot de bain.
今は多くの外国からの観光客がいますので、その人たちのために水着着用の可能性を考え始めています。

Infos à picorer

フランスのお茶事情

フランスのスーパーにはいろいろなthé vertが並んでいます。まずはthé vert aromatisé（香りや味をつけた）です。thé vert aux agrumes（柑橘類）、thé vert à la menthe（ミント）、thé vert à la vanille（バニラ）などがあります。次は目的別のthé vertです。thé vert pour dormir（眠るため）、thé vert pour maigrir（やせるため）、thé vert pour digérer（消化のため）などがあります。

À vous ! 解答

1) Voici la porte <u>par laquelle</u> vous pouvez accéder au bain en plein air.
2) Il n'y a pas de shampooing ici. <u>Avec quoi</u> est-ce qu'on peut se laver les cheveux ? Avec du savon ?
3) Il y a deux entrées. <u>Par laquelle</u> est-ce que je peux accéder au bain pour les hommes ?
4) On a découvert une source d'eau chaude ici, <u>après quoi</u> on a fait des aménagements pour pouvoir s'y baigner.
5) Maintenant il y a beaucoup de touristes étrangers <u>pour qui</u> je commence à penser à la possibilité de porter un maillot de bain.

34 滞在最終日の夜

日本滞在最終日の夜、マルタン夫妻と恵理子はホテルで別れの挨拶を交わしています。

Eriko : Vous êtes sûrs que vous allez à l'aéroport tout seuls[1]? Puisque c'est dimanche demain, je peux vous accompagner, si vous voulez.

Nicolas : Je vous remercie de votre proposition, mais nous pouvons y aller tout seuls. Il y a un car[2] qui relie[3] l'hôtel à l'aéroport.

Eriko : Très bien.

Nicolas : Nous vous remercions pour[4] tout ce que[5] vous avez fait pour nous. Sans vous, notre séjour au Japon aurait été[6] beaucoup moins intéressant[7].

Eriko : Oh, c'était un très grand plaisir pour moi[8]. Nous avons passé de très bons moments[9] ensemble.

Nicolas : Oui, j'ai beaucoup aimé[10] ce séjour au Japon. Est-ce que vous allez venir en France un jour ?

Eriko : Oui, certainement.

Céline : Quand vous venez en France, envoyez-nous un message avant, s'il vous plaît. C'est à nous de[11] vous faire visiter[12] notre pays.

Eriko : Merci ! Eh bien, je vous souhaite un bon[13] retour chez vous.

Nicolas : À bientôt, j'espère !

Eriko : À bientôt !

Pour vous aider

1) **tout seuls :** toutはseulsを強調している副詞。後ろに形容詞男性形が続く場合は、toutは一致しない。

2) **car** 男 **:** 「長距離バス」「観光バス」。路線バスはbus, autobus

3) **relier A à B :** AとBを結ぶ

4) **remercier + 人 + pour ... (de...) :** …について～に感謝する

5) **tout ce que ... :** ～するすべて

6) **aurait été :** sans vous（もしあなたがいなかったならば）という過去の事実とは異なることを想定し、その結果を述べているので条件法過去が使われている。

7) **beaucoup moins intéressant :** 比較級を強調する時は**très**ではなくbeaucoup

8) **c'était un très grand plaisir pour moi :** 「私にとって大きな喜びでした」という決まり文句。

9) **passer de très bons moments :** 楽しい時を過ごす

10) **J'ai beaucoup aimé :** 複合過去形のaimerは「楽しみました」「気に入りました」にあたる。

11) **C'est à nous de + 不定詞 :** ～するのは私たちの番です

12) **faire visiter :** 案内する

13) **souhaiter un bon (une bonne) ... :** ～をお祈りします

恵理子　：お二人だけで空港にいらっしゃるということで大丈夫でしょうか？　明日は日曜ですから、もしよろしければ、私もご一緒できますよ。

ニコラ　：お申し出に感謝します。でも二人だけで行けますので。ホテルと空港を結ぶバスがあるのです。

恵理子　：わかりました。

ニコラ　：私たちのためにしてくださったすべてのことにお礼申し上げます。恵理子さんがいらっしゃらなかったら、私たちの日本滞在はかなりもっと味気ないものになっていたでしょう。

恵理子　：私にとって、とても楽しいことでした。とても良い時間を一緒に過ごしたと思います。

ニコラ　：ええ、日本滞在を満喫しました。恵理子さんも、いつかフランスにいらっしゃいますよね？

恵理子　：はい、絶対に行きます。

セリーヌ：フランスにいらっしゃる時は、事前に私たちにメッセージを送ってくださいね。今度は私たちが恵理子さんに、私たちの国（フランス）を案内します。

恵理子　：ありがとうございます。それでは、フランスまで良い帰国をなさってください。

ニコラ　：近いうちにお目にかかれることを願っています！

恵理子　：またお目にかかりましょう！

■ 中性代名詞enを使う慣用句

1. s'en aller「立ち去る」

Allez, Céline ! On ***s'en va*** ? Il faut nous dépêcher pour prendre le car.

さあ、セリーヌ！ もう行こうか？ バスに乗るために急がなきゃ。

2. en avoir assez「もううんざりだ」

Depuis trois heures, j'essaie de mettre mes affaires dans ma valise. Mais je n'y arrive pas ! ***J'en ai assez*** !

もう3時間もスーツケースに荷物を詰めようとしているけど、できないわ！ もううんざり！

3. s'en ficher「そんなこと、どうだっていい」（くだけた会話で）

Je ne peux pas mettre tout ça dans ma valise. Je ***m'en fiche*** ! Je vais laisser des choses au Japon.

これ全部をスーツケースに入れることはできないわね。もうどうだっていいわ！ 日本にいくつか物を置いていきましょう。

4. ne plus en pouvoir「もうこれ以上は無理だ」

– Céline ! Vite, vite ! Cours ! Le car va partir !

– Non, je ***n'en peux plus*** !

「セリーヌ、早く、早く、走って！バスがもう出発するよ！」「だめ、これ以上は無理！」

5. en vouloir à + 人「人を恨む」

Heureusement qu'on est arrivé juste à l'heure à l'aéroport. Sinon, je t'***en aurais voulu*** pour la vie.

ぎりぎり空港に時間どおりに着いたからよかったものの、そうでなかったら一生君を恨んだところだよ。

6. Ne vous en faites pas. / Ne t'en fais pas.「心配しないで（ください）」

– Je vous ai acheté des bouteilles de thé froid.

– Merci, c'est très gentil. Je vous dois combien ?

– Oh, ***ne vous en faites pas***.

「冷たいお茶のボトルを買ってきました」「ありがとう、ご親切に。おいくらをお渡しすればよろしいでしょうか？」「あら、どうぞご心配なく」

■ 中性代名詞yを使う慣用句

1. Ça y est「うまくいきました」

Ça y est ! On a déposé nos valises, alors maintenant on n'a plus qu'à monter dans l'avion.

さあ、これでいい！ スーツケースは預けたから、あとはもう飛行機に乗るだけだ。

2. s'y prendre bien / mal「うまく / 下手にやる」

Comme tu voyages souvent en avion, tu ***t'y prends bien*** !

よく飛行機で旅行するから、手際がいいわね！

À vous !

左ページを参考にして、フランス語文を完成させましょう。

1） Je crois que cette hôtesse de l'air est débutante. Elle ________________ tellement bien.

あのスチュワーデスさんは新人だと思うよ。手際があまりよくないから。

2） J'ai essayé de manger tout ce qu'on m'a servi, mais ________________.

出されたもの全部を食べようとしたけれど、もうこれ以上は無理だわ。

3） Je sais qu'il ne faut pas rester dans le couloir. Je ________________ tout de suite.　通路に立ち止まってはいけないことは知っています。すぐに立ち去ります。

4） Voici mon masque de sommeil et mes bouchons d'oreille. __________ ! Je suis prête à dormir.

ほら、アイマスクと耳栓よ。これでいいわ！ 寝る準備が整った。

5） – J'éteins la lumière ?
– Non, non, ________________. Continue à lire ton journal. J'ai mon masque de sommeil.

「電気を消そうか？」「いえいえ、心配しないで。そのまま新聞を読んでいて。アイマスクがあるから」

Infos à picorer

シャルル＝ド＝ゴール空港

日本からの直行便で到着するのは、パリ近郊にある**aéroport de Paris-Charles-de-Gaulle**（またの名を**aéroport de Roissy-Charles-de-Gaulle, aéroport de Roissy**）です。空港の名前になっているのは第二次世界大戦中のレジスタンス運動で有名なドゴール将軍です。戦後に国際空港として使われていたオルリー空港が手狭となり、1964年に新たな空港建設計画が発表され、当時の大統領、つまり第五共和制の初代大統領であるドゴール将軍の名がつけられました。最初の施設となる**aérogare 1**（その形状から、つけられた愛称が**camembert**だったそうです）は、1974年に完成しました。

À vous! 解答

1) Je crois que cette hôtesse de l'air est débutante. Elle ne s'y prend pas tellement bien.
2) J'ai essayé de manger tout ce qu'on m'a servi, mais je n'en peux plus.
3) Je sais qu'il ne faut pas rester dans le couloir. Je m'en vais tout de suite.
4) Voici mon masque de sommeil et mes bouchons d'oreille. Ça y est ! Je suis prête à dormir.
5) J'éteins la lumière ? Non, non, ne t'en fais pas. Continue à lire ton journal. J'ai mon masque de sommeil.

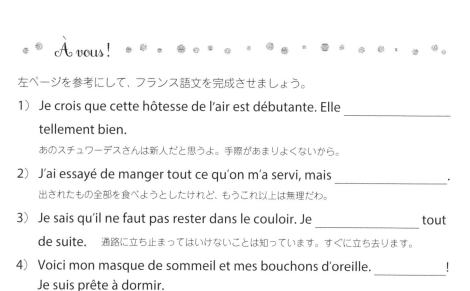

35 帰国してから

恵理子は、フランスに無事戻ったという知らせをマルタン夫妻から受け取りました。返事のメールを送ります。

Objet : À bientôt, j'espère

Chers Céline et Nicolas,

Merci de votre e-mail. Je suis très contente d'apprendre[1] que vous êtes rentrés sains et saufs[2] en France. En écrivant ce mail, je me souviens de[3] tous ces bons moments qu'on a passés ensemble au Japon. Surtout[4], notre voyage à Nara est un des meilleurs souvenirs pour moi.

En ce moment, je suis assez occupée à cause de[5] mon travail. Mais l'été prochain, j'aurai probablement[6] un congé[7] d'une semaine si tout se passe bien[8]. J'en profiterai pour[9] aller en France.

J'aurai donc le plaisir de[10] vous revoir et de retrouver mon amie Manon. Nous pourrons faire une promenade ensemble tous les quatre, ou bien organiser un petit voyage aux alentours de[11] Paris, si c'est possible[12].

En attendant[13] l'été prochain et au plaisir de[14] vous revoir en août,

Eriko Ikeda

Pour vous aider

1）**être très content(e) de + 不定詞 :** ～できて、とてもうれしい

2）**sains et saufs :** 無事に

3）**se souvenir de + 名詞 :**「～を思い出す」。名詞の前にはdeが必要。同じ「～を思い出す」という意味の〈 se rappeler + 名詞〉は、名詞の前にdeが不要。

4）**surtout :**「特に、とりわけ」。英語のespeciallyが影響して、「特に」と言いたい時にspécialementを使ってしまうことがあるが、spécialementの主な意味は「特別に、わざわざ」なので、surtoutのほうがよい。

5）**à cause de + 名詞 :**「～のせいで」。良いことがおきた原因を言う時は、〈 grâce à + 名詞 〉(～のおかげで)。

6）**probablement :**「おそらく」。peut-être（かもしれない）と比較すると、probablement（おそらく）の方が確実性がより高い（→p.72参照）。

7）**congé** 男 **:** 休暇

8）**si tout se passe bien :** 全てがうまくいけば

9）**profiter de + 名詞 + pour + 不定詞 :** ～するために～を利用する

10）**avoir le plaisir de + 不定詞 :** ～するのが楽しみである

11）**aux alentours de :** ～の付近に

12）**si c'est possible :** もし可能であれば

13）**En attendant ... :**「～を待ちながら」。手紙をしめくくる決まり文句。

14）**au plaisir de vous revoir :**「またお目にかかれるのを楽しみにしています」。手紙をしめくくる決まり文句。

件名：またお目にかかれることを楽しみにしています

メールをありがとうございます。お二人が無事にフランスに帰られたことを知り、とてもうれしいです。このメールを書きながら、日本で一緒に過ごした楽しい時のことを思い出しています。特に奈良への旅行は、私にとって最も良い思い出のうちのひとつです。

今は仕事のせいでかなり忙しいのですが、全てがうまくいけば、今度の夏には１週間の休みがとれそうです。それを利用して、フランスに行くつもりです。

ですから、お二人や友人のマノンにまた会うことができます。４人全員で一緒に散歩をしたり、もし可能であればパリ周辺へちょっとした旅行ができると思います。

今度の夏、８月にまたお目にかかれることを楽しみにしています。

池田恵理子

■ 中性代名詞 le

1. 中性代名詞 le で属詞を置き換える

中性代名詞 le は、属詞を置き換えます。属詞とは、「イコールの意味を含む動詞（être とそれに準じる動詞）」のあとに続く形容詞や名詞です。「イコールの意味を含む動詞」は copule（繋辞（けいじ））と呼ばれ、être（～です）, paraître（～のように見える）, sembler（～らしく見える）などがあります。

M. Dubois est musicien. Mais Mme Dubois ne ***l'***est pas.
デュボワ氏は音楽家ですが、デュボワ夫人はそうではありません。

＊le は名詞 musicienne を指す。

Elle n'est pas aussi généreuse qu'elle ***le*** semble.
彼女は、そう見えるほどは寛大ではりません。＊le は形容詞 généreuse を指す

上の２例でわかるように、属詞を置き換える中性代名詞 le は性数の一致をしません。

2. 属詞と直接目的補語は、文法上の扱いが異なる

〈主語 + 動詞 + 前置詞なしの名詞〉という並び方をした場合の名詞は、属詞または直接目的補語の場合があります。

①属詞の場合

Mme Dubois est *pharmacienne*.　デュボワ夫人は薬屋さんです。

→ Mme Dubois ***l'***est.

＊copule の動詞 être の後に続くので、名詞 pharmacienne は属詞。したがって代名詞に置く時は、中性代名詞 le を使う。

②直接目的補語の場合

Mme Dubois connaît *cette pharmacienne*.
デュボワ夫人は、あの薬屋さんを知っています。

→ Mme Dubois ***la*** connaît.

＊copule ではない動詞 connaître のあとに続くので、名詞 pharmacienne は直接目的補語。pharmacienne には cette がついて特定の薬屋さんなので、代名詞に置く時は、人称代名詞 le, la, les から la を選んで使う。

Mme Dubois connaît *des pharmaciens*.
デュボワ夫人は何人かの薬屋さんを知っています。

→ Mme Dubois ***en*** connaît.

＊copule ではない動詞 connaître のあとに続くので、名詞 pharmaciens は直接目的補語。pharmaciens には des がついて、不特定の薬屋さんなので、代名詞に置く時は、中性代名詞 en を使う。

À vous !

左ページを参考にして、フランス語文を完成させましょう。

1） Cette affaire n'est pas si simple qu'elle ________________.

この事件は、そう見えるほど単純ではありません。

2） Mme Martin aime les hérissons. Mais M. Martin ne ________ aime pas.

マルタン夫人ははりねずみが好きです。でもマルタン氏はそれらを好きではありません。

3） Il était un PDG compétent et il ______________ jusqu'à sa retraite.

彼は有能な社長でした。そして、引退までそう（有能）でした。

4） M. et Mme Dubois ont des hérissons chez eux. Mais M. et Mme Martin ________ ont pas.

デュボワ夫妻は自宅ではりねずみを飼っています。でもマルタン夫妻は飼っていません。

5） C'est un médecin réputé. Mais il ______________________ du jour au lendemain.

彼は評判の良い医師です。でも一夜にしてそうなったわけではありません。

Infos à picorer

仕事上のメールを書く時の注意点

ベルギーのLe Soirという新聞に、仕事上または就職のためのメールを書く時の7つの注意点が載っています。

①Avoir une adresse professionnelle「（普段使いのアドレスではなく）仕事専用のアドレスを持ちましょう」②Ne pas s'emporter「感情にまかせて送信しないようにしましょう」、Gérez vos émotions.「感情をコントロールしてください」③Se relire「自分のメッセージを読み返しましょう」④Ne rien laisser trainer「（不要なメッセージは）何もメールボックスにいつまでも残しておかないようにしましょう」⑤Bien définir l'objet「件名は明確にしましょう」⑥Soyez clair.「メッセージはわかりやすく」⑦Ajoutez votre pièce jointe avant de rédiger votre message.「メッセージを書き始める前に資料を添付しましょう」（出典:https://references.lesoir.be/article/7-conseils-pour-un-email-professionnel-parfait-/）

À vous! 解答

1) Cette affaire n'est pas si simple qu'elle le paraît.
2) Mme Martin aime les hérissons. Mais M. Martin ne les aime pas.
3) Il était un PDG compétent et il l'a été jusqu'à sa retraite.
4) M. et Mme Dubois ont des hérissons chez eux. Mais M. et Mme Martin n'en ont pas.
5) C'est un médecin réputé. Mais il ne l'est pas devenu du jour au lendemain.

この本で使った主な語彙と表現

＊(→p.xx) は、詳しい説明があるページ

あ

あいかわらず　toujours (→p.32)

(〜の)あいだ　pour / pendant

アイデアを思いつく　avoir l'idée de ...

アイマスク　masque de sommeil 男

あえて〜する　oser+ 不定詞 / se permettre de + 不定詞

青のり　poudre d'algue 女

鮮やかな　vif, vive

味見する　goûter

預ける　confier

あちらのほうに　par là

(〜した)あとで　après + 不定詞複合形

アニメ　animation 女

甘い　sucré(e)

アレルギーの　allergique

(手を)合わせる　joindre (les mains)

あんこ　pâte de haricots rouges sucrée 女

案内する　faire visiter

い

(〜)以外は　à part ...

以下が〜です　voici ...

(〜しては)いけない　il ne faut pas + 不定詞 / on ne doit pas + 不定詞 (→p.28)

(〜しなければ)いけない　il faut + 不定詞 / on doit + 不定詞 (→p.28)

(〜)以降　à partir de ... (→p.120)

以上が〜です　voilà ...

いずれにせよ　de toute façon

(〜に)依存している　addict à ...

(〜を)一周する　faire le tour de ...

いつでも　n'importe quand (→p.52)

いつの日か　un jour

いつも　toujours (→p.32)

(〜の)一部を成す　faire partie de ...

祈り　prière 女

祈る　prier

(〜に)嫌な思いをさせる　gêner + 人

イヤフォン　écouteurs 男 複

(〜)以来　depuis ... (→p.120)

(〜して)以来　depuis que + 直説法

入れ墨　tatouage 男

入れ墨をしている　être tatoué(e)

う

(その)上に　dessus (→p.76)

魚市場　marché aux poissons 男

迂回する　faire un détour

(〜で)薄めた　allongé(e) à ...

うちわ　éventail 男

うまく〜することができる　arriver à + 不定詞

うまくやる　s'y prendre bien

梅　prune japonaise 女

梅酒　liqueur de prune 女

(〜することが)うれしい　être content(e) de + 不定詞

うんざりする　en avoir assez

え

餌　nourriture 女

餌をやる　nourrir

援助を頼む　demander de l'aide

遠慮せずに〜してください　N'hésitez pas à + 不定詞

お

多くとも　au plus

(〜の)おかげで　grâce à + 名詞

おから　résidu de tofu 男

(〜が)おきる　出来事 + se passer
(それが)おきる　ça arrive
(荷物などを)置く　entreposer
屋外で　en plein air
行われる　se faire
おじぎをする　s'incliner
(〜を)押す　appuyer sur ...
おそらく　sans doute / probablement
恐ろしい　effrayant(e)
落ち合う　se retrouver
驚くべき　étonnant(e) / hallucinant(e)
お腹が一杯になる　avoir le ventre plein
帯　ceinture 女
(〜を)思い出す　se rappeler + 名詞 / se souvenir de + 名詞
おもしろい　intéressant(e)
(〜を)おもしろがらせる　amuser + 人
温泉　source d'eau chaude 女 / eau thermale 女

か

外国人観光客　touriste étranger
改札の読取り機　lecteur du portillon 男
改修工事　travaux de rénovation 男 複
(スーツケースなどを)回収する　récupérer
海藻　algue 女
(お土産や洋服などの)買い物をする　faire du shopping
(日用品の)買い物をする　faire les courses
界隈　quartier 男
変える　changer (→p.112, 116)
(〜する)かぎり　tant que ... / aussi longtemps que ...
火事　incendie 男
カスタードクリーム　crème anglaise 女
片付ける　ranger
必ず　nécessairement (→p.32)
カニカマ　surimi 男
かぶ　navet (blanc) japonais 男
(〜しても)かまわない　pouvoir (→p.28)
神　dieu 男 / divinité 女
(〜)から　à partir de ...
(〜)からすぐに　dès ...
為替レート　taux de change 男
観光する　faire du tourisme
閑散期　basse saison 女
(〜に)感謝する　remercier + 人
(儀式などの)慣習　rituel 男
(〜だと)感じる　se sentir
看板　panneau 男
関連グッズ　produit dérivé 男

き

生地　pâte 女
喫煙コーナー　coin fumeur 男
切符　ticket 男 / billet 男 (→p.29)
キーホルダー　porte-clés / porte-clefs 男
決める　décider (→p.108)
(〜に)着物を着付ける　habiller + 人 + en kimono
(〜とは)逆の　à l'inverse de ...
キャリーケース　valise à roulette 女
休暇　congé 男
救急車　ambulance 女
キーワード　mot clé 男
緊急の　urgent(e)
(〜の)近郊　les alentours de + 地名
(〜することは)禁止　défense de + 不定詞
(〜することを)禁止する　interdire de + 不定詞

く

(旅行者の)クチコミ　avis (d'un voyageur) 男
くつろぐ　se mettre à l'aise
クーラー　climatiseur 男
クリーム　crème 女

クレンジング剤　démaquillant 男 /
nettoyant 男

け

計算する　faire le calcul
計算すると〜になる　ça fait + 数
携帯電話　portable 男
携帯電話で　sur [dans] mon portable
携帯電話をマナーモードにする　mettre son portable en mode silencieux
境内　sanctuaire 男
警報　alarme 女 / alerte 女
経路　itinéraire 男
化粧水　lotion 女
化粧をする　maquiller
ケース　coque 女
決心する　décider (→p.108)
削り節　copeau(x) de poisson séché 男

こ

(〜)後に (→p.120)
(今から)〜後に　dans ...
(それから)〜後に　... après / ... plus tard
更衣室　vestiaire 男
甲殻類　crustacé 男
(AをBと)交換する　échanger A contre B
交差点　carrefour 男
公衆浴場　bain public 男
交番　poste de police 男
香炉　encensoir 男
告白する　avouer
誤報　fausse alerte 女
小麦　froment 男
米ぬか　enveloppe de riz en poudre 女
固有の　propre

さ

在庫　stock 男
在庫が切れている　en rupture de stock
最後には〜する　finir par...
菜食主義者　végétarien, végétarienne
賽銭　offrande 女
材料　ingrédient 男
(〜)さえ　même
さきほど　tout à l'heure
酒粕　résidu de saké 男
避ける　éviter
座席　siège 男
雑踏　cohue 女
左右対称の　symétrique
参加する　participer
残念ながら　malheureusement
山門　portique 男

し

塩漬けにする　saler
塩水につける　saumurer
鹿　daim 男
しかたがない！　tant pis !
時間があいていること　disponibilité 女
試食、試飲　dégustation 女
試食・試飲する　déguster
施設　établissement 男
(その)下に　dessous (→p.76)
(市町村などの)自治体　municipalité 女
シックな　chic
(〜)してもらう　se faire + 不定詞
自撮り　selfie 男
自分自身で　soi-même
車掌　contrôleur, contrôleuse
(〜の)写真を撮る　photographier + 人 /
prendre + 人 + en photo
車両　wagon 男
シャンプー　shampooing 男
渋滞　embouteillage 男
(バッテリーの)充電器

chargeur (de batterie) 男
修復　restauration 女
収容する　abriter
首都圏の　métropolitain(e)
ショーウインドウ　vitrine 女
正直に言う　avouer
焼酎　shochu 男
　米焼酎　shochu de riz
　芋焼酎　shochu de patate douce
　麦焼酎　shochu d'orge
　蕎麦焼酎　shochu de sarrasin
消費する　consommer
　〜までに消費するのが望ましい
　　à consommer de préférence avant ...
商品　marchandise 女
賞味期限　la Date Limite d'Utilisation optimale
しょうゆ　sauce de soja 女
蒸留酒　eau-de-vie 女
食品サンプル　aliment en plastique 男
食料品　produit alimentaire 男
ショッピングセンター　centre commercial 男
信号　feu 男
人力車　pousse-pousse 男

す

水族館　aquarium 男
少なくとも　au moins (→p.64)
(〜すると)すぐに　dès que ... / aussitôt que
すすめる　recommander
スーツケース　valise 女
スーツ姿で　en tailleur（女性）/ en costume（男性）
スノードーム　boule à neige 女
スーパーマーケット　supermarché 男
　小型のスーパー　supérette 男
　大型のスーパー　hypermarché 男
(〜する)すべて　tout ce que ...
スペース　espace 男
スマートフォン　portable 男 / smartphone 男
　スマホで　sur [dans] son portable
　スマホを操作する　manipuler son portable

せ

(〜の)せいで　à cause de + 名詞
(〜)せずに　sans + 不定詞
　あまり〜せずに　sans trop + 不定詞
石鹸　savon 男
絶対に　absolument (→p.32) / sûrement / certainement
設置する　installer
(〜の)背の高さがある　主語 + mesurer + 背の高さ
セミロング　mi-long 男
競り　enchère 女
線香　encens 男
先日　l'autre jour
扇子　éventail 男
扇風機　ventilateur 男
全面的に　tout à fait
(〜)専用の　réservé(e) à ...

そ

注ぐ　verser
袖をまくる　retrrousser sa manche
その通り　effectivement
そのままの　tel quel, telle quelle
蕎麦　sarrasin 男

た

大根　radis (blanc) japonais 男
大豆　soja 男
大仏　grande statue du bouddha 女
大部分の〜　la plupart de ...

(電話番号を)ダイヤルする　composer + 番号

大浴場　grande salle de bain 女

平らにする　aplatir

タオル　serviette 女

たくさんの〜　plein de ...

　こんなにたくさん！　tant que ça !

凧　cerf-volant 男

立ち去る　s'en aller

脱水症状になる　se déshydrater

たとえ〜であっても　même... / même si

(荷物用の)棚　porte-bagages 男

楽しい時を過ごす　passer de très bons moments

(〜を)楽しみにしている　J'ai [aurai] le plaisir de + 不定詞

(〜を)楽しむ　profiter de ...

頼む　demander (→p.108)

(〜する)たびに　chaque fois que ... / toutes les fois que ...

食べ物　nourriture 女

誰　qui (→p.136)

　誰が？　Qui est-ce qui ... ? / Qui ... ?

　誰を？　Qui est-ce que ... ? / Qui ... ?

　誰でも　n'importe qui

炭酸水　eau pétillante 女

ち

チップ　pourboire 男

茶　thé 男

　ウーロン茶　thé Oolong 男

　ほうじ茶　thé vert torréfié 男

　緑茶　thé vert 男

注意　attention 女

　(〜するように)注意する　faire attention à +不定詞

　(〜しないように)注意する　faire attention à + ne pas +不定詞

抽選　tirage au sort 男

(〜に)中毒の　accro à ..

注文する　commander

柱廊　portique 男

チューブ　tube 男

ちょうちん　lanterne 女

直行便　vol direct 男

　直行便で　en vol direct

(AにBを)ちりばめる　parsemer A de B

つ

追加料金　frais supplémentaires 男 複

(〜のあとを)ついて行く　suivre ...

(〜へ)通じる　mener à ...

通路　couloir 男

包む　enrober

詰まった　plein(e)

爪楊枝　cure-dent(s) 男

(〜する)つもりである (→p.24)

　prévoir de + 不定詞 / envisager de + 不定詞 / avoir l'intention de +不定詞 / compter + 不定詞

(〜するに)つれて　à mesure que ... / au fur et à mesure que ...

連れて行く　amener + 人 / emmener + 人 (→p.132)

連れて来る　amener + 人 (→p.132)

て

テイクアウト　à emporter

できました！　Ça y est !

(〜)できる (→p.56)

　(能力的に)できる　savoir + 不定詞

　(その場の状況に応じて)できる　pouvoir + 不定詞

できる限りのことをする　faire de son mieux

(〜)できる状態にある　prêt(e) à + 不定詞

手触り　toucher 男

鉄道　voie ferrée 女

手帳型ケース　étui portefeuille 男
手荷物預かり所　consigne 女
寺　temple 男
展覧会　exposition 女

と

問い合わせる　se renseigner
(〜の意見に)同意する　être de l'avis de + 人
(調理などの)道具　ustensile 男
同行する　accompagner + 人
(そのまさに)当日に　le jour même
当然　forcément (→p.32)
動物園　zoo 男
どうやら　apparemment
遠くから　de loin
(〜を)通っていく　passer par ...
ときには、〜　des fois, ...
特に　surtout
どこかに　quelque part
どこでも　n'importe où (→p.52)
ところで　au fait
どの〜でも　n'importe quel + 名詞 (→p.52)
ドライヤー　séche-cheveux 男
(AとBを)取り変える　changer A contre [pour] B (→p.116)
(〜に)取り囲まれる　être entouré(e) de ...
(BからAを)取り去る　enlever A de B
どれでも　n'importe lequel (→p.52)
どんなふうにでも　n'importe comment (→p.52)

な

(〜)ない (→p.100, 104)
　いかなる〜も〜ではない　ne ... aucun(e) + 名詞
　これ以上何も〜でない　ne ... plus + rien
　これ以上もう決して何も〜しない　ne ... plus jamais rien
　それ以降は決してどこにも〜ない　ne ... plus jamais nulle part
　それ以降は誰も〜しない　Plus personne ne ...
　誰一人［どれひとつ］として〜でない　ne ... aucun(e)
　誰も決して〜でない　Personne ne ... jamais ...
　どこにも〜でない　ne ... nulle part
　(〜)なものは、いまだかつて何も〜ない　ne ... jamais rien ... de ...
(その)中には　là-dedans
中庭　cour 女
なでる　caresser
何　que (→p.136)
　何が？　Qu'est-ce qui ... ?
　何を？　Qu'est-ce que ... ?　/ Que ... ?
(〜な)何か quelque chose de + 形容詞
(〜)なので　puisque / parce que / comme / car (→p.104)
生の　frais, fraîche
何でも　n'importe quoi

に

(〜に)似合う　aller bien à + 人
にぎやかな　animé(e)
24時間営業　ouvert(e) 24 heures sur 24
日用品　objet d'usage quotidien 男
日中は　la journée
乳液　lait 男
入浴する　prendre le bain
煮る　cuire

ぬ

ぬいぐるみの　en peluche
布　tissu 男
布地　étoffe 女
(ソースなどを)塗る　badigeonner A de B

ね

猫カフェ　café à chats 男

値段が～である　être à + 価格

粘着テープ　scotch 男

の

飲み放題　boissons à volonté 女 複

ノンアルコール・ドリンク　boisson non alcoolisée 女

は

(その)場合は　dans ce cas

ハイボール　Highball 男

刷毛　brosse 女

パーセント　pour cent（→p.96）

パッケージツアー　excursion organisée 女

発酵させる　fermenter

早く～したい　avoir hâte de + 不定詞

ハリネズミカフェ　café à hérissons 男

(～)半　demi- / demi(e)（→p.96）

絆創膏　pansement 男

パンフレット　dépliant 男 / brochure 女

半分　moitié 女（→p.96）

繁忙期　haute saison 女

ひ

ひきつける　attirer

ひとつずつ　un à un

(～の)左側に　sur + 所有形容詞 + gauche

ビニール袋　sac en plastique 男

日持ちがする　tenir longtemps

評判の良い　réputé(e)

昼寝　sieste 女

拾う　ramasser

瓶　flacon 男 / pot 男

ふ

封をする　sceller

(～の)付近　les alentours de ...

ふざけて～する　s'amuser à + 不定詞

無事に　sains et saufs

普段は　habituellement

普通の　ordinaire

仏教　bouddhisme 男

　仏教の　bouddhique / bouddhiste

仏像　bouddha 男

フライト　vol 男

　フライト番号　le numéro de vol 男

ブランド　marque 女

プール　piscine 女

雰囲気　ambiance 女

分数（→p.96）

　2分の1　un demi

　3分の1　un tiers

　4分の1　un quart

　5分の1　un cinquième

へ

並行した　parallèle

平日　semaine 女

　平日に　en semaine

下手にやる　s'y prendre mal

別の日に　un autre jour

へら　spatule 女

ほ

ポイントカード　carte de fidélité 女

(～する)ほうがいい　Il vaut mieux + 不定詞

防水ケース　pochette étanche 女

干す　sécher

(プラット)ホーム　quai 男

ホームドア(ホームの端にある柵)　barrière au bord du quai 女

本当に　vraiment（→p.32）

ま

前に（→p.120）

(今から〜)前に　il y a ...

(その時から〜)前に　... avant / ... plus tôt

(〜する)前に　avant de + 不定詞

前もって　auparavant / au préalable

マグカップ　mug 男

マグネット　magnet 男

またぐ　enjamber

AまたはB　soit A, soit B（→p.72）

(〜)まで　jusqu'à ...

(〜)までに　avant ...

窓越しに　par la fenêtre

(〜の)回りに　autour de ...

万一に備えて　au cas où

み

(〜のように)見える　avoir l'air + 形容詞

(〜の)右側に　sur + 所有形容詞 + droite

水着　maillot de bain 男

(AをBと)みなす　considérer A comme B

身につけている　porter

耳栓　bouchon(s) d'oreille 男

土産物店　magasin de souvenirs 男

身をかがめる　s'incliner

む

(〜を)迎えに行く　aller chercher +人

(〜に)向けられた　destiné(e) à ..

(AとBを)結ぶ　relier A à B

無料で　gratuitement

め

名物　spécialité 女

メニュー　carte 女

免税　détaxe 女

免税で　en détaxé

も

もし

もし可能であれば　si c'est possible

もし差し支えなければ　si vous me le permettez ...

もし私の記憶が正しければ　si je me souviens bien ...

もしかすると　peut-être

もちろん　bien sûr / bien sûr que oui / tout à fait / absolument

持って行く　emporter（→p.108）

持って行く、持って来る　apporter（→p.108）

もっとも（→p.136）

もっとも多くの〜　le plus de + 名詞

もっとも多く〜する　動詞 + le plus

もっとも少ない〜　le moins de + 名詞

もっとも少なく〜する　動詞 + le moins

籾の外皮　enveloppe des grains de riz 女

(〜の)模様の　à motif ...

や

約〜　environ + 数 / -aine（→p.92）

やはり　quand même

(〜)山　le mont ...

(〜の)やり方で　à la manière ...

ゆ

遊園地　parc d'attractions 男

有名な　fameux, fameuse

あの有名な　le fameux ..., la fameuse ...

Uターン　demi-tour 男

ユネスコ世界遺産　patrimoine mondial de l'UNESCO 男

よ

浴槽　bain 男

横木　traverse 女

汚す　salir

予定　programme 男

(～する)予定がある　prévoir de + 不定詞 / envisager de + 不定詞

(～に)よる　Ça dépend de ...

ら

(～)らしい　Il paraît que ...

ラベル　étiquette 女

り

リクライニング·シート　siège inclinable 男

リュックサック　sac à dos 男

利用する　profiter de ...

(～の)両側に　des deux côtés

リラックスさせる　relaxer

れ

列　queue 女

　列を作る　faire la queue

レール　rail 男

ろ

路地　ruelle 女

路線　ligne 女

露天風呂　bain en plein air 男

(ホテルの)ロビー　hall d'accueil 男

わ

ワイヤレス　sans fil

(～で)割った　allongé(e) à ...

Postface

Le séjour de Céline et Nicolas a pris fin et visiblement, ils ont apprécié leur voyage. C'est sans doute grâce à Eriko qui a été une guide hors-pair. Nous espérons que leur aventure vous donnera envie de servir de guides à votre tour aux francophones qui visiteront le Japon. Par expérience, je peux vous affirmer qu'un voyage prend un visage très différent quand on a la chance d'échanger avec des locaux. Il reste à jamais gravé dans les mémoires. VOUS resterez à jamais gravé(e) dans les mémoires.

Ce manuel vous donne quelques clés pour parler de ce si beau pays. Il vous permet d'enrichir votre vocabulaire de termes souvent difficiles à traduire soi-même dans une autre langue. Il vous offre également la possibilité d'élever votre niveau de maîtrise grammaticale en vous proposant des tournures et des expressions pragmatiques trop souvent absentes des manuels et pourtant si utiles et naturelles dans la vie de tous les jours. Peut-être hésiterez-vous à adresser la parole à des touristes croisés dans la rue. Pour vous aider à vaincre votre appréhension, je vous donne d'ultimes conseils : personne ne vous blâmera si vous faites des erreurs en français. Au contraire, essayez, c'est le plus important ! De plus, votre passion sera, j'en suis persuadé, ce que vos interlocuteurs retiendront de vous. Et surtout, quel défi intéressant que celui de présenter son pays et ses coutumes, de montrer les lieux qu'on aime, de partager les bons plats qu'on apprécie dans une langue qui n'est pas la sienne. Vous allez adorer le faire, j'en suis certain !

Antoine Ramon

著者紹介
井上美穂（いのうえ みほ）
明治大学、獨協大学ほか非常勤講師。専門は発音指導、フランス語教育。主要著書：『耳から始めるフランス語』（共著／白水社）、『アンフォ フランス語でニュースを読む』（共著／駿河台出版社）。

アントワーヌ・ラモン（Antoine Ramon）
アンスティチュ・フランセ東京、獨協大学ほか非常勤講師。専門はフランス語教授法。

フランス語で日本案内

2020年10月10日　印刷
2020年11月5日　発行

著　者 ©　井　上　美　穂
　　　　　アントワーヌ・ラモン
発行者　及　川　直　志
印刷所　研究社印刷株式会社

発行所　101-0052 東京都千代田区神田小川町3の24
電話 03-3291-7811（営業部），7821（編集部）
www.hakusuisha.co.jp
株式会社　白水社

乱丁・落丁本は送料小社負担にてお取り替えいたします。

振替 00190-5-33228　Printed in Japan　加瀬製本

ISBN 978-4-560-08882-1